Annemarie Schimmel

Auf den Spuren der Muslime

HERDER spektrum

Band 5272

Das Buch

„Man kann auf die Dauer nicht miteinander leben, wenn man nichts voneinander weiß. Im Verhältnis zum Islam hat Annemarie Schimmel uns den Weg dazu geebnet" (Roman Herzog): Annemarie Schimmel ist eine erstaunliche Frau. Als junges Mädchen entdeckte sie ihr Interesse an der Welt des Orients – über Bücher. Als Wissenschaftlerin wurde sie zu einer Figur der Zeitgeschichte durch ihre Nähe zur islamischen Welt, die sie wie keine andere kennt und die sie in den westlichen Kulturkreis hinein vermittelt – mit großem Erfolg bis heute. Wer ist diese Frau, die in der islamischen Welt eine kaum vorstellbare Popularität und Freunde in den höchsten Kreisen hat? Die man als eine der letzten Universalgelehrten bezeichnete, und die trotzdem als Frau in Deutschland keine wissenschaftliche Karriere machen konnte – und als Nicht-Muslimin an der Islamisch-Theologischen Fakultät einer türkischen Universität Professorin wurde. Die wenigsten wissen, wie sehr sie hinter den Kulissen auch hilft – nicht nur dem Korangelehrten Abu Zaid, der in Ägypten zum Ketzer verurteilt wurde. Wie keine andere westliche Frau ist sie in der ganzen islamischen Welt berühmt und wie keine andere hat sie die Faszination des Orients in Deutschland in unzähligen Publikationen verbreitet und dadurch unseren Blick verändert und unsere kulturelle Wahrnehmung vertieft. Wie keine andere in unserer Zeit steht sie gegen das Konzept vom notwendigen Konflikt der Kulturen, verkörpert sie den Dialog mit der islamischen Kultur. Wie sieht sie heute – in einer Zeit, die durch neue und aktuelle Konfrontationen bestimmt scheint – das Verhältnis zwischen westlicher und islamischer Welt? Wo sind die Problemfelder, wo die kulturellen Chancen, welche geistigen, spirituellen und kulturellen Wege führen zueinander? Welche Aufgaben stellen sich der Islamwissenschaft in Zukunft? Eine geistreiche, charmante und brillante Leitfigur unserer Zeit und eine Zeugin des Jahrhunderts – im Gespräch mit zwei bekannten Islamwissenschaftlern.

Die Autorin

Annemarie Schimmel, geb. 1922, weltbekannte Islamwissenschaftlerin und Sufismus-Expertin, lehrte als Professorin für Indo-Muslimische Kultur in Harvard und Bonn. Über 100 Publikationen, die z.T. in viele Sprachen übersetzt wurden. Unter ihren zahlreichen Auszeichnungen u. a. Friedenspreis des Deutschen Buchhandels, Reuchlin-Preis. Bei Herder Spektrum: Rumi. Meister der Spiritualität; Kleine Paradiese. Blumen und Gärten im Islam; Wie universal ist die Mystik?

Die Herausgeber

Hartmut Bobzin, Professor für Islamwissenschaft an der Universität Erlangen-Nürnberg. Bei Herder Spektrum demnächst: Koranlesebuch.
Navid Kermani, Islamwissenschaftler, Publizist, Long Term Fellow des Wissenschaftskollegs zu Berlin. Bei Herder Spektrum Herausgeber von: Nasr Hamid Abu Zaid, Ein Leben mit dem Islam.

Annemarie Schimmel

Auf den Spuren der Muslime

Mein Leben zwischen den Kulturen

Herausgegeben von
Hartmut Bobzin und Navid Kermani

FREIBURG · BASEL · WIEN

Redaktion Claudia Stodte

Alle Rechte vorbehalten – Printed in Germany
© Verlag Herder Freiburg im Breisgau 2002
www.herder.de
Satz: Barbara Herrmann, Freiburg
Druck und Bindung: fgb · freiburger graphische betriebe 2002
www.fgb.de
Umschlaggestaltung und Konzeption:
R·M·E München / Roland Eschlbeck, Liana Tuchel
Umschlagbild: Medrese Madar-i-Shah,
Isfahan, frühes 18. Jahrhundert
Autorenfoto: © Markus Kirchgeßner
ISBN 3-451-05272-5

Inhalt

Arabisch-Studium in Erfurt	7
Lehrer und Vorbilder: Deutsche Orientalisten des frühen 20. Jahrhunderts	14
Faszination Islam	23
Studium der Religionswissenschaft in Marburg	27
Lehr- und Wanderjahre in der Türkei	35
Gelebter Islam versus Gesetzesislam	40
Forschungsfeld indischer Subkontinent	50
Sindh	52
Indien	54
Pakistan politisch	58
Die orientalische Poesie und Probleme ihrer Übersetzbarkeit	70
Friedrich Rückert	84
Der Koran: Übersetzungen und Interpretationen	92
„Gott" oder „Allah"?	106
Die islamische Mystik	108
Frauenbilder und Frauenleben im Islam	123
Mystikerinnen	126
Parda oder die völlige Abgeschlossenheit	128
Frauenbeschneidung	129
Einbruch der Moderne	131
Betrachtungen über das Kopftuch	133

Muslime in den USA und in Deutschland:
ein Vergleich 138

Christlich-islamischer Dialog 147

Kulturaustausch zwischen Orient und Okzident   152

Medienschelte am Beispiel Afghanistan 167

Die amerikanische Universitätsausbildung 171

Von Schülern und Nachfolgern 176

Anforderungen an die moderne
Islamwissenschaft 178

Limericks und Rap-Musik 184

Lebensdaten im Gespräch erwähnter Orientalisten
und Religionswissenschaftler 191

Arabisch-Studium in Erfurt

„Ein Leben zwischen den Kulturen – auf den Spuren der Muslime": Frau Schimmel, wann begann dieses Leben? Haben Sie bereits während Ihrer Kindheit in Erfurt Muslime kennen gelernt?

Leider nein. Was hätte ich als Kind darum gegeben, wenn wir ein paar mehr Ausländer in Erfurt gehabt hätten! Ich hätte das herrlich gefunden. Meine Mutter stammte ja aus einer Kapitänsfamilie, und daher war in unserer Familie die Beziehung zu fremden Ländern etwas ganz Natürliches. Sie erzählte uns immer, wie sie mit dem schwarzen Koch ihres Onkels im Hafen gespielt habe. Es hat meine positive Haltung zum Orient sicher mitbestimmt, dass ich in dieser Hinsicht in einer sehr freien Atmosphäre aufgewachsen bin.

Dem Islam bin ich zunächst in schriftlicher Form begegnet. Schon als Kind interessierte ich mich für die islamische Welt, aber erst als Teenager traf ich die ersten lebendigen Araber. Im Frühjahr 1938 nahm mich mein verehrter Arabisch-Lehrer, Dr. Hans Ellenberg, aus Erfurt mit nach Jena, wo ich zwei arabischen Studenten begegnete, die bei ihm, neben ihrem eigentlichen Fach, einen Kurs in Klassisch-Arabisch nahmen, um ihre Kenntnisse darin etwas aufzupolieren. Ihnen – beide waren Muslime – durfte ich die Fâtiha, also die erste Sure des Korans, auf Arabisch vorsagen, die ich damals bereits auswendig konnte. Es war ein unvergessliches Erlebnis.

In Berlin, wo ich ab 1939 studierte, hatten wir einen arabischen Lektor, Herrn Mohammed Zakariya Haschimi aus Aleppo, weshalb mir diese Stadt bis heute immer besonders lieb ist, obgleich ich sie nie richtig besucht habe. Wir hatten auch einen netten persischen Lehrer, Herrn Tehrani. Türken traf man hin und wieder, und ich hatte auch eine türkische Studienkollegin.

Ansonsten war uns die islamische Welt damals unzugänglich. Ich beneide die heutigen Studenten, die ganz selbstverständlich einen Sprachkurs in Kairo oder Tunis besuchen. Wie schwer haben wir es damals gehabt! Dennoch glaube ich, dass es gut ist, zunächst einmal eine klassische Ausbildung zu absolvieren und mit den Schriften auf Tuchfühlung zu gehen. Später kann man das Lebendige sehr viel besser genießen.

Mit welchen Lehrbüchern und Texten sind Sie zuerst in Berührung gekommen?

■ Arabisch lernte ich nach der *Arabischen Konversationsgrammatik* von Ernst Harder, die erstmals 1898 erschien. Viele Jahre später überarbeitete ich die von Rudi Paret herausgegebene gekürzte Ausgabe dieser praktischen Grammatik. Mein Lehrer gab mir zudem jede Woche ein, zwei Bücher über die islamische Kultur, zum Beispiel die *Islamische Baukunst in Indien* von Sattar Chairi, oder Reiseberichte, wie z. B. von Hans Helfritz, und viele historische Werke. Als ich einmal *Die sieben Säulen der Weisheit* von T. E. Lawrence las, tadelte mich mein Lehrer: Dies sei nichts für ein junges Mädchen. Ich habe mit meinen fünfzehn Jahren gar nicht gemerkt, warum es nichts für mich sein sollte, so unschuldig war ich.

Seit ich sieben Jahre alt war, wollte ich den Islam bzw. den Orient studieren. Zwar interessierte ich mich früher auch einmal sehr für China, Tibet und Indien, doch die islamische Welt war für mich immer die Hauptsache. Als ich zu Hause in Erfurt einen Arabisch-Lehrer fand, habe ich die Gelegenheit mit vier Händen umarmt, wie wir auf Türkisch sagen. Ich bin sehr froh darüber, das war für mich einfach so bestimmt.

Gab es einen konkreten Anstoß?

▪ Der Grund war eigentlich eine Geschichte – sie heißt „Padmanaba und Hassan" – die ich in einem alten Märchenbuch las, das ich von meinem Großvater geerbt hatte – das Buch stammt aus dem Jahr 1870. In dieser Geschichte, von der es eine Variante auch in *Tausendundeinernacht* geben soll, trifft ein Jüngling aus Damaskus einen indischen Guru, der ihn initiiert und mit ihm durch eine Zauberwelt zieht. Dort gelangen sie in einen gewaltigen Saal, wo der König aller Welten, der Herrscher aller Herrscher, auf einem großen Katafalk liegt, umgeben von all seinen Reichtümern. Über dem Katafalk hängt eine Tafel, deren Inschrift lautet: „Die Menschen schlafen; wenn sie sterben, erwachen sie."

Zehn Jahre später erfuhr ich, dass dies ein Hadîth ist, ein Ausspruch des Propheten Mohammed. Dieser Satz hat mich als Siebenjährige so getroffen, dass ich mir sagte: Das ist meine Welt. Im Grunde war also der Prophet daran schuld!

Nun war in den dreißiger Jahren, als Sie Schülerin waren, die semitische Welt nicht gerade en vogue, wenn ich es mal so salopp formulieren darf.

▪ Ja, in der Tat. Meinen Klassenkameradinnen durfte ich nicht erzählen, dass ich Arabisch lernte; das hielten wir geheim. Im Arbeitsdienst – im Sommer 1939 – nahm man mir dann meine arabische Grammatik weg: ein deutsches Mädchen lernt nicht Arabisch! Das war das Schlimmste am Arbeitsdienst. Schweineställe ausmisten und so weiter, das habe ich alles ertragen, musste ich ja, aber dass man mir die arabische Grammatik wegnahm, hat mich zutiefst getroffen.

Galt diese Ablehnung auch dem Persischen?

▪ Nein. Ich selbst hatte als junges Mädchen keinen Persisch-Lehrer. Aber viele Iranisten und Indologen standen dem Nationalsozialismus sehr nahe. Einige unserer Kollegen, Gott erbarme sich ihrer Seele, haben sich sogar sehr für die Partei eingesetzt, zum Beispiel Wilhelm Eilers und Walther Hinz.

Man hat mich oft gefragt, wie es mit Hans Heinrich Schaeder war, meinem späteren Professor im Persischen. Er wurde nach dem Krieg beschuldigt, sich für den Nationalsozialismus eingesetzt zu haben. Im Unterricht hat er nie über solche Dinge gesprochen, und ich glaube nicht, dass er wirklich ein Nazi war. Auch eine seiner Töchter, mit der ich neulich darüber sprach, sagte, sie habe nichts davon bemerkt. Ihr Vater sei wohl ein, wie es heute heißt, Mitläufer gewesen. Als seine jüngere Schwester Hildegard, eine evangelische Spezialistin für die Ostkirchen, ab 1943 wegen ihrer Unterstützung von Juden im Konzentrationslager Ravensbrück war, hat er die Verbindung mit ihr nicht abgebrochen.Schaeder war viel zu weltoffen, um ein aktiver Nationalsozialist zu sein. Tatsächlich war er eines der ganz wenigen Genies, die ich gekannt habe, ein fantastischer Lehrer, ungeheuer fordernd. Ich

weiß noch, wie er zu einem unserer Mitstudenten –
wir waren ja immer nur drei oder vier – sagte: „Herr
Soundso, gehen Sie lieber Rad fahren, das ist gesünder
für Sie, als Orientalistik zu studieren."

Mich mochte er, weil ich ein solides Wissen in islamischer Geschichte aus meiner voruniversitären Zeit
mitbrachte. Er zwang mich, während eines Referats
nicht auf mein Manuskript zu schauen, sondern frei
zu sprechen; dadurch habe ich das gelernt. Ich verdanke ihm unendlich viel.

*Sie scheinen von Kind an ein Gelehrtenleben geführt zu
haben. Haben Sie auch eine normale Jugend mit „normalen" Freizeitbeschäftigungen erlebt?*

■ „Normale" Freizeit hat mich nie interessiert – ich
las und schrieb und zeichnete. Und während des Studiums hatten wir in den Ferien Fabrikdienst, und da
habe ich mich oft nach zehn Stunden Fabrikarbeit
noch hingesetzt und mit zerschundenen Händen an
meiner Dissertation gearbeitet.

*Wenn Sie die Türkei oder Pakistan besuchen, heißt es im-
mer, Sie hätten Ihre Freunde und Sufi-Bekannten auf-
gesucht, hätten dort und dort zu Abend gegessen … Sie
nehmen also wirklich am Leben Ihrer Freunde teil. Ist das
eine Art Kompensation?*

■ Nein, es ist mein Leben. Ich würde nie auf die Idee kommen, ins Theater, Kino oder in irgendeine Show zu gehen, da müsste man mich schon in Ketten hinschleppen. Ich habe alles als Teil meiner Aufgabe und meines Lernens angesehen. Wenn ich mit meinen Freunden in Karatschi, Ankara oder Kabul zu Abend esse, dann sehe ich das nicht als Zeitverschwendung an, sondern ich lerne dabei wieder ein paar neue Wörter oder ein paar neue Gesichtspunkte kennen. Meine „Freizeit" war immer auf irgendeine Art mit meiner Arbeit verbunden. Die Arbeit ist eben mein Leben – es tut mir furchtbar Leid, aber so ist es.

Ich habe nie über meine Lebenshaltung nachgedacht. Für mich war diese Art zu leben ganz natürlich. Wenn Sie mich zwängen, nach Mallorca zu fliegen und dort am Strand Ball zu spielen, wäre das schrecklich. Da würde ich lieber im Gefängnis landen.

Lehrer und Vorbilder:
Deutsche Orientalisten des frühen
20. Jahrhunderts

Inwieweit hat Richard Hartmann Sie beeinflusst? Er war ja ein hervorragender Schriftgelehrter, hatte aber auch, wie Sie, immer diesen Bezug zum Lebendigen. Zudem wählte er häufig unkonventionelle Themen und bearbeitete sie als Erster.

Ich freue mich, dass Sie diese Frage stellen. Schaeder war der große Theoretiker, eine Kristallkugel sozusagen, in der man alles finden konnte. Doch er hatte nie den Orient bereist. Ich glaube, er kam, ähnlich wie Rückert, nie weiter als nach Rom oder Athen. Im Grunde interessierten ihn die Menschen als Menschen nicht.

Richard Hartmann war dagegen ein wunderbarer, väterlicher Lehrer, der uns paar Studenten wirklich großartig geführt hat. Man merkte, dass er den Orient kannte. Seit Jahren versuche ich darauf hinzuwirken, dass sein Werk *Im neuen Anatolien* wieder aufgelegt wird. Es ist eine sehr schöne Darstellung der Türkei in den Jahren 1926 und 1927. Hartmann war wohl der erste Orientalist, der dorthin ging. Er beschreibt Anatolien und Konya ganz wunderbar, mit großer Freude, mit einer sehr menschlich-vornehmen Kritik.

Für mich ist es eines der schönsten Reisebücher aus unserem Gebiet, ästhetisch allerdings nicht so vollkommen wie C. J. Burckhardts *Kleinasiatische Reise.*

Vielleicht noch mehr als den beiden eben Genannten verdanke ich Ernst Kühnel, Professor für islamische Kunst in Berlin. Er bestärkte mich darin, mich ganz auf die Orientalistik zu konzentrieren. Um nach Kriegsbeginn aus dem Arbeitsdienst herauszukommen, musste man Naturwissenschaften oder Medizin studieren. Arabistik zählte nicht, da dieses Fach nicht kriegswichtig war. Da mir die Medizin nicht lag, stürzte ich mich im ersten Trimester, als ich nach sechs Monaten den Arbeitsdienst endlich verlassen durfte, auf die Naturwissenschaften. Ich sagte mir, dass ich dann später arabische naturwissenschaftliche Handschriften herausgeben könnte. So studierte ich im Wintersemester 1939 ein Trimester Physik und Chemie im Hauptfach und im Nebenfach Arabistik und islamische Kunstgeschichte.

Am Ende des ersten Trimesters ging ich zu Kühnel und zeigte ihm meine Zeichnungen und Kalligraphien. Er sagte: „Fräulein Schimmel, lassen Sie den Unsinn mit den Naturwissenschaften, machen Sie nur Islamkunde. Gehen Sie in meine Kurse, und wenn Sie promoviert haben, werden Sie meine Assistentin." Wenn man siebzehn ist, hört man so etwas natürlich gerne.

Kühnel hat mich durch seine Kenntnisse der arabischen Welt und der islamischen Kunst sehr fasziniert. Während meiner Harvard-Zeit (1967–1992) hielt ich

u. a. Seminare über islamische Kalligraphie und wurde als *Consultant* an das Metropolitan Museum berufen, wo ich zehn Jahre arbeitete. Es war eine der schönsten Zeiten in meinem Leben. Ich war dafür verantwortlich, die arabischen, persischen und sonstigen Texte zu entziffern und zu katalogisieren und damit das ganze Gebiet der Kalligraphie gleichsam im Nebenfach mit zu übernehmen. Insofern kann ich sagen, dass Kühnel, auf lange Sicht, während meiner Studienzeit vielleicht den größten Einfluss auf mich ausgeübt hat.

Beeindruckt hat mich auch Annemarie von Gabain, bei der ich Turkologie studierte. Unsere „Maryam apa" („ältere Schwester") war eine sehr gute Lehrerin, der ich mein Verständnis der Turksprachen verdanke.

Es war eine ganz schöne Ansammlung von Größen im Berlin der Kriegsjahre. Jeder war vollkommen anders; trotzdem verstanden sie sich, arbeiteten zusammen und bildeten ein hervorragendes Team.

Wie wurde denn in den dreißiger und vierziger Jahren über den Islam geforscht? Was waren damals die vorherrschenden Linien? Man hat Ihnen ja manchmal vorgeworfen, den Islam zu verharmlosen, quasi nur die schönen Seiten darzustellen. Haben Sie sich mit Ihrer eher positiven Darstellung von der deutschen Orientalistik des frühen 20. Jahrhunderts abgesetzt?

■ Die deutsche und europäische Orientalistik war zunächst rein philologisch ausgerichtet. Jeder Orientalist musste ursprünglich nicht nur Arabisch, sondern auch das Hebräische des Alten Testaments beherrschen. Erst langsam entwickelte sich das Interesse an der Geschichte. Orientalisten wie Theodor Nöldeke haben da sehr viel getan.

Soviel ich weiß, besaß Nöldeke allerdings keine besondere Sympathie für den Islam, er stand ihm sogar sehr kritisch gegenüber. Auch andere Orientalisten um die Wende des 19. zum 20. Jahrhundert hatten eine distanzierte Haltung zum Islam. In dem kürzlich publizierten Briefwechsel zwischen dem berühmten ungarischen Islamwissenschaftler Ignaz Goldziher und Martin Hartmann macht Goldziher, der in seiner Jugend mit Begeisterung im islamischen Orient reiste, eine Bemerkung zu Hartmann in dem Sinne: „Lassen Sie doch, machen Sie unseren Islam nicht gar zu schlecht!" Martin Hartmann war bei seinen zahlreichen Reisen in Zentralasien und der Türkei ungeheuer kritisch. Dennoch war er wohl einer der Ersten, der sich auch mit den lebendigen Menschen beschäftigte.

In der Generation meiner Lehrer änderte sich dies. Georg Jacob, mein „geistiger Großvater", war wohl ein Pionier, der sich nicht nur mit der reinen Philologie beschäftigte, sondern auch mit dem praktischen Leben. In der von ihm herausgegebenen Buchreihe *Türkische Bibliothek* kümmerte er sich sehr um türkische Dinge, die sonst für das Curriculum nicht so wichtig waren. Er und Theodor Menzel taten viel für das Verständnis der türkischen Tradition. Georg Jacob beschäftigte sich auch mit der materiellen Kultur, etwa dem Beduinenleben, dem Kaffeetrinken oder dem „Weinhaus bei Hafis"; mein erster Lehrer im Arabischen, Hans Ellenberg, war sein Schüler und hat seine Dissertation über Textilien in einem der klassisch-arabischen historischen Werke verfasst.

Auf diese Weise hatte ich das Glück, dass ich durch Dr. Ellenberg und Richard Hartmann, der sich bei Jacob habilitiert hatte, in eine Tradition kam, in der auch das Materielle und Nichtabstrakte eine große Rolle spielte, und nicht nur die Philosophie, Theologie oder Philologie. Das hat mich geprägt.

Hat auch Hellmut Ritter Sie beeinflusst?

▪ Ja. Hellmut Ritter begann seinen wissenschaftlichen Weg mit sehr praktischen Dingen, wie *Ein arabisches Handelsbuch des Mittelalters* (1914). Er kümmerte sich wirklich um den Islam in seiner ganzen Vielfalt. 1928 ging Ritter nach Istanbul, und ihm haben wir es zu verdanken, dass er an die unerhörten Manuskriptschätze in den Istanbuler Bibliotheken kam und diese zugänglich machte. Durch sein Leben in Istanbul kannte er natürlich auch die Türkei. Wie Georg Jacob beschäftigte er sich mit der Volksliteratur, mit Schattenspielen, *Karagöz*, und so weiter. Auch Paul Kahle hatte das kurze Zeit getan. Ritter verband das Philologische, das Historische und das Volkstümliche in ganz einmaliger Weise.

Um die volkstümlichen Dinge zu verstehen, muss man schon mitten im Leben stehen. Ritter machte dies ganz wunderbar, und seine Arbeiten zur islamischen Mystik, vor allem zu Attâr *Das Meer der Seele* (von 1955), sind einmalige Werke. Sie haben unsere Generation stark geprägt und werden hoffentlich auch noch weitere Generationen beeinflussen. Der persische Poet Farîd ad-Dîn Attâr mit seiner ungewöhnlichen mystischen Theologie und seinem Pessimismus, der wie eine dunkle Folie hinter all seinen Geschichten liegt, passte irgendwie zu Hellmut Ritter. Es war eine Art Seelenverwandtschaft, eine Freundschaft über acht Jahrhunderte hinweg. Auch die Tatsache, dass Attâr sich immer wieder gegen Gott auflehnte, muss Ritter sehr interessant gefunden haben.

1942 sollte ich eigentlich nach Istanbul zu Hellmut Ritter. Ich hatte damals den Index zum Ibn Iyâs gemacht, zu diesen drei dicken Bänden der arabischen Chronik des frühen 16. Jahrhunderts, die eine Quelle für meine Dissertation gebildet hatte –, eine Arbeit, die mir ungeheuren Spaß machte. Ritter war so entzückt davon, dass er mich sofort als seine Assistentin nach Istanbul einlud. Ich war gerade erst zwanzig, und Ritter war bekanntermaßen kein einfacher Chef. Ich zog es daher vor, bei meinen Eltern in Berlin zu bleiben.

Kurz nach dem Krieg gelang es uns übrigens, ihm Nachrichten über seine Familie nach Istanbul zu übermitteln. Ich war mit anderen Mitgliedern des Auswärtigen Amtes, wo ich nach meiner Promotion 1941 als Übersetzerin gearbeitet hatte, nach dem Krieg in Marburg interniert, und einer seiner Brüder, Karl Bernhard Ritter, war dort Kirchenrat, Leiter der Berneuchener Bewegung. Als wir das Internierungsquartier schon mal verlassen durften, stattete ich dem Herrn Kirchenrat einen Besuch ab, wobei ich die ganzen Verhältnisse in der Ritterschen Familie erfuhr: wer lebte, wer was machte und so weiter. Wir brachten es fertig, durch einen amerikanischen Soldaten – die alle sehr hilfsbereit waren – einen Brief an Ritter nach Istanbul zu schmuggeln, und das war die erste Nachricht, die er aus Deutschland von seiner Familie bekam.

Als Ritter nach Kriegsende nach Frankfurt berufen wurde, lernte ich ihn erstmals persönlich kennen. Ich erinnere mich noch genau, wie ich von der Vorlesung nach Hause kam, und Hellmut Ritter bei meiner Mutter auf dem Sofa saß, eine Tasse Tee trank und mich mit den Worten begrüßte: „Schams at-Tabrîzî ist doch ermordet worden." Das war unsere erste persönliche Bekanntschaft. Über die Jahre haben wir uns eigentlich gut verstanden. Ich nahm von Marburg aus öfter an den sommerlichen Seminarausflügen teil, die er in Frankfurt mit seinen Studenten und Kollegen unternahm.

Er war wirklich ein bewundernswerter Gelehrter, und nachdem er seine etwas schwierigen Phasen hinter sich hatte, bin ich auch menschlich mit ihm sehr gut ausgekommen. Ich habe ihn sehr bewundert.

Mit der Mystik beschäftigte sich ja auch intensiv der Schweizer Fritz Meier.

Ja, durch Ritter kam die *silsila*, die geistige Kette, zu Fritz Meier. Meiers Lehrer Rudolf Tschudi hatte ihn zu Ritter geschickt, und von ihm lernte er die Akribie in der Katalogisierung der Handschriften und legte die Grundlagen für seine ungeheuere Kenntnis über die islamische Mystik.

Für mich war Fritz Meier der größte von uns in der Islamwissenschaft. Seine Kenntnisse waren fantastisch, seine philologische Akribie unglaublich. Er besaß auch eine stupende Kenntnis der europäischen Geschichte. Schon als Kind soll das „Fritzli", wie er in der Schule hieß, in allen Fächern, auch in Mathematik, Zeichnen und Musik, einmalig gewesen sein.

Zudem war er sehr menschlich, was nicht viele Leute wussten; ein ganz wundervoller Freund. Die Beziehung zu ihm hat mich ungeheuer bereichert. Manche Kollegen, die meine romantische Ader kritisierten, hielten ihn mir als Vorbild hin und meinten, ich müsse wie Meier arbeiten. Ich sagte dann, dass jeder auf seine Art arbeite. Meier selbst nahm mir meine romantische Ader nie übel und hat mich immer sehr unterstützt und gefördert. Er fände mich zwar auch etwas zu romantisch und er sehe manches nicht so wie ich, aber das mache nichts, jeder habe das Recht auf seine eigene Sicht. Als Mensch war Fritz Meier ganz wunderbar.

Auch sein Tod war beeindruckend. An seinem 86. Geburtstag ging er zu seiner Stieftochter zum Kaffeetrinken. Als sie ihn nach Hause begleiten wollte, lehnte er ab, es sei kein weiter Weg. Auf der Straße wurde ihm dann schlecht, er setzte sich hin – und starb, mit dem Rosenstrauß in der Hand, den sie ihm geschenkt hatte. Ist das nicht der Tod für einen Sufi? Alle meinten, schöner habe es gar nicht sein können. Er war nicht krank, aber er war völlig bereit. Ein paar Wochen zuvor hatte er seine Bibliothek der UB Basel verkauft, so war alles, wie es sein sollte. Ich bin überzeugt, dass Meier einer der *auliyâ' Allâh*, der verborgenen Heiligen, war.

Faszination Islam

Sie erwähnten gerade, dass man Ihnen des öfteren eine romantische Ader zuschrieb – würden Sie dieses Attribut zurückweisen?

■ Nein, ich nehme das nicht als Schande. Ich habe wohl mehr etwas für das Künstlerische übrig als für das rein Philologische. Wenn ich nicht Orientalistin geworden wäre, wäre ich wahrscheinlich in die Welt der Kunst gegangen und hätte mich mit Buchgestaltung und Buchillustration beschäftigt. Ich habe sehr viel gezeichnet, vielleicht hätte ich es auch auf diesem Gebiet zu etwas gebracht. Deswegen stört mich das Beiwort „romantisch" nicht.

Durch Ihre intensive Beschäftigung mit der Mystik gab es ja auch Widerstand gegen Sie, speziell in Deutschland.

■ Ja, die ganze Friedenspreisgeschichte 1995.

Abgesehen vom Streit um die Verleihung des Friedenspreises des Deutschen Buchhandels – auch innerhalb der Orientalisten. Im Grunde fehlte in Deutschland die Bereitschaft, Frauen in der Wissenschaft zu akzeptieren.

■ Ja, die war nicht da. Auch nicht bei Otto Spies, dem damaligen Ordinarius für Orientalistik in Bonn. Er holte mich 1961 nach Bonn, wofür ich ihm ewig dankbar bin. Dennoch hielt er Frauen grundsätzlich nicht für einen Lehrstuhl geeignet.

Den Widerstand gab es, weil Sie …

■ speziell weil ich eine Frau war. Aber nicht nur deswegen, sondern auch, weil ich mich zu sehr mit Mystik und Dichtung beschäftigte. Meine geliebte Lehrerin, Annemarie von Gabain, sagte einmal zu meiner Mutter: „Frau Schimmel, verbieten Sie Ihrer Tochter doch, dass sie Gedichte schreibt, das schadet ihrem guten Ruf!" Meine Mutter erwiderte nur: „Wenn Gott ihr das Talent gegeben hat, soll sie es auch nutzen." Das war typisch für meine Mutter. Sie hat mich immer unterstützt und war stets meine beste Kritikerin. Das möchte ich bei dieser Gelegenheit besonders betonen. Sie las alle meine Manuskripte und sagte dann: „Liebes Kind, der Satz ist unklar, das musst du anders machen." Sie war, wie sie sich immer nannte, die „Stimme des Volkes".

*Hatten Sie das Gefühl, dass Sie damals über andere The-
men hätten schreiben müssen, um in Deutschland Karriere
zu machen?*

■ Ja, das Gefühl hatte ich manchmal. Spies' Einstellung, dass er Frauen nicht geeignet für führende wissenschaftliche Posten hielt, war seine persönliche Haltung. Es gab dagegen einige Kollegen, die ziemlichen
Widerstand leisteten. Ich weiß nicht, ob ich Namen
nennen soll.

*Die politische Dimension des Islams haben Sie in Ihren
Forschungen und Vorträgen meist ausgeblendet. Über bestimmte, auch politische Themen äußern Sie sich nur im
kleinen Kreis.*

■ Bei uns zu Hause wurde nie über Politik gesprochen, ich wusste überhaupt nicht, was das war. Das
hat mich geprägt. Ich weiß bis heute nicht, was meine
Eltern gewählt haben. Politik war ein Thema, das in
meiner Gegenwart nicht erörtert wurde. Meine Aver-
sion gegen politische Statements stammt wahrscheinlich aus meiner Kindheit.

Während des Nationalsozialismus konnte man so-
wieso nicht offen über Politik reden. Später hat man
mir vorgeworfen, dass ich nie über politische Themen
spreche, das kann ich auch verstehen. Aber jeder hat
seine eigene Art, mit der Welt umzugehen, finde ich.

Fragen Sie mich lieber über die Cuisine des Orients, da kann ich Ihnen bessere Antworten geben als über Politik.

Würden Sie der Vermutung zustimmen, dass Ihnen die Phänomene, die Sie im Islam und in der islamischen Religiosität gefunden und studiert haben, so fern gar nicht sind? Dass sie Ihrer eigenen christlichen Religiosität nahe sind?

▨ Ich würde nicht behaupten, dass ich eine sehr gute Christin bin. Was mich am Islam wirklich fasziniert, ist die Gläubigkeit, die absolute Hingabe. Den wirklichen Islam, den finde ich wunderbar. Gerade jetzt, wo wir immer mehr entchristlicht werden und uns von der Religion entfernen, merke ich, dass dies die Seite am Islam ist, die mich wirklich anzieht und der ich mich zugehörig fühle. Das bedeutet nicht, dass ich konvertieren würde, aber dieses ungeheuer starke Gefühl der Gegenwart Gottes hat mich am Islam schon immer angezogen.

Studium der Religionswissenschaft
in Marburg

Unter welchen Umständen gelangten Sie nach Marburg?

Bis Kriegsende arbeitete ich im Auswärtigen Amt in Berlin als Übersetzerin und stellte nebenbei meine Habilitationsschrift über das Sozialsystem der Mamluken fertig. Sie wurde allerdings nie gedruckt – wer interessierte sich nach 1945 schon für das Sozialsystem der Mamluken? Wir hatten genug mit unserem eigenen Sozialsystem zu tun.

Als wir am 1. April 1945 aus Berlin evakuiert wurden, hatte ich die Habilitationsschrift in meinem Fluchtgepäck. In meinem Koffer hatte ich zudem die drei schweren Bände des *Mathnavi*, das *Kitâb al-Luma'* von Sarrâdsch, dazu noch Goethes *West-östlichen Divan* in der Ausgabe von Ernst Beutler und, wie es sich gehört, das Neue Testament sowie den Koran und *Die Renaissance des Islam* von Adam Mez. Wie ich das damals geschleppt habe, weiß ich nicht.

Aufgrund meiner Tätigkeit im Auswärtigen Amt wurden wir von den Amerikanern in Marburg interniert. Am ersten Friedenstag brachte man uns dorthin, wo wir bis zum September im Westfalenhaus lebten.

Erst waren wir völlig abgeschottet, dann durften wir stundenweise und schließlich tageweise nach draußen gehen, bis wir entlassen wurden.

Und wie kamen Sie zum Studium der Religionswissenschaften?

▪ Während der Internierung in Marburg machten wir eine kleine Laguniversität auf. Dort hielt ich auch meine ersten Islamkurse. Eines Tages kam der Religionswissenschaftler Friedrich Heiler und besuchte uns arme Gefangene. Ich wurde ihm vorgestellt – doch er sagte nichts als „Hm", das sagte er meistens. Als wir dann freier wurden, wurde eine unserer Mitgefangenen seine Sekretärin. Sie war selbst Theologin, und eines Tages kam sie ins Lager und sagte: „Du sollst zu Heiler kommen und deine Habilschrift mitbringen!" Heiler fragte, ob ich Lust hätte, mich in Marburg zu habilitieren. Der vorhergehende Kollege, ein Semitist, sei ein solcher Antisemit gewesen, dass sie ihn nicht wieder einstellen könnten.

So kam ich nach Marburg. Dort hat man sich selbstverständlich mit Theologie und Religionswissenschaft beschäftigt. Heiler war damals Dekan an der Philosophischen Fakultät, ehe er wieder zu den Theologen herüberwechselte. Neben meiner intensiven Lehrtätigkeit im Arabischen, Persischen und Türkischen sowie in Islamgeschichte nahm ich an seinen Seminaren teil, und wenn eine allgemein religionsgeschichtliche Frage anstand, übernahm ich den islamischen Teil. Heiler besaß zwar eine große Kenntnis der indischen Religionen und des Christentums, doch der Islam war nicht sein Spezialgebiet.

Wir hielten Seminare über alle möglichen phänomenologischen Themen und auch über die Stellung der Frau in den Religionen, das war eines seiner Lieblingsthemen. Damals, 1947/48, schrieb noch niemand über dieses Thema.

Dann, als der religionsgeschichtliche Doktorgrad in der Theologischen Fakultät eingeführt wurde, kam Heiler auf die Idee, dass ich die Erste sein sollte, die ihn erwarb. Ich wollte das gar nicht, er hat mich sozusagen gezwungen. Den Doktor habe ich dann tatsächlich gemacht – über das Konzept der mystischen Liebe im Islam. Nach drei Promotionen hat die Kirche jedoch den religionsgeschichtlichen Doktor wieder abgeschafft. Ich bin also nicht nur das erste „Opfer", sondern auch eines von drei Exemplaren mit Seltenheitswert!

Das war der zweite Doktortitel; aber noch ein Wort über den ersten, den ich in Berlin 1941 als Neunzehnjährige erwarb. Meine Dissertation handelte von meinen geliebten Mamluken. Bevor ich das Buch über die Moguln für Beck schrieb, hatte ich zwei Wünsche geäußert: entweder die Moguln oder eine Kulturgeschichte der Mamluken. Der Verlag hat sich dann – sicher zu Recht – für die Moguln entschieden. Aber ich empfinde immer noch die alte Faszination bei diesen im Grunde so unsympathischen Typen. Deswegen habe ich das Buch *Der arabische Nachtmahr* von Robert Irwin übersetzt, weil ich das so großartig fand. Auch in Harvard habe ich manchmal noch Mamluken-Geschichte mit meinen Studenten gelesen. Ich liebe die Kerle einfach, vielleicht weil die Chroniken aus dieser Zeit so lebendig, ja amüsant sind. Ich habe daher auch eine Auswahl aus der Chronik des Ibn Iyâs veröffentlicht: *Tagebuch eines ägyptischen Bürgers,* das 1977 bei Thienemann herausgekommen ist.

In den älteren religionsgeschichtlichen Werken spielt der Islam nur eine untergeordnete Rolle. Somit ist Ihr Buch Die Zeichen Gottes *von 1995 eine Ergänzung zu älteren religionsphänomenologischen Werken, die den Islam nicht thematisieren.*

■ Ich habe mich immer darüber geärgert, dass der Islam in den religionsgeschichtlichen Büchern höchstens als Appendix vorkam: Da gab es dann noch „diesen Islam", diese „Primitivreligion", so ungefähr geht das dort. In meiner Zusammenarbeit mit Heiler versuchte ich, diese Lücke ein wenig zu füllen.

Mich hat der phänomenologische Ansatz immer besonders interessiert, weil ich glaube, dass man dadurch die Religionen etwas objektiver sehen kann. Als ich 1992 zu den „Gifford Lectures" nach Edinburgh eingeladen wurde, habe ich mir *Die Zeichen Gottes* ausgesucht. In puncto „Gifford Lectures" ist es übrigens interessant, dass der Erste, der überhaupt über den Islam sprach, der Muslim Sayyid Hossein Nasr war, und elf Jahre später kam ich als Zweite und dazu noch als eine der ganz wenigen Frauen. Es gibt ja kaum Frauen bei den „Gifford Lectures" – in hundert Jahren haben die Gelehrten offenbar noch nicht entdeckt, dass wir existieren! Insofern habe ich gewissermaßen einen Doppelrekord geschlagen.

Religionswissenschaft, Theologie und Islamwissenschaft bilden ja gewissermaßen ein Dreieck. In Marburg war nun die Theologie von Karl Barth lange Zeit so vorherrschend, eine Theologie, die eigentlich Religion vollkommen ablehnt.

▪ Jawohl!

Liegt nicht ein großes Problem in der heutigen Sprachlosigkeit der Theologie gegenüber dem Islam darin, dass die Theologen nicht das Instrumentarium haben – vielleicht auch gar nicht haben wollen –, den Islam zu begreifen? Das fängt damit an, dass es kaum noch Theologen gibt, die Arabisch können. Es existieren sogar Bücher über den Islam und den Koran, deren Verfasser sich gleichsam rühmen, kein Arabisch zu können.

■ Heiler hasste die Barthsche Theologie. Er war auch gegen Rudolf Bultmann. Die Spannung zwischen Heiler und Bultmann war manchmal geradezu amüsant.

Kann man Bultmann denn im gleichen Atemzug mit Barth nennen? Bultmann stand doch den Religionen sehr aufgeschlossen gegenüber. Jedenfalls schrieb er 1949 das wunderbare Buch Das Urchristentum im Rahmen der antiken Religionen.

■ Ja, Bultmann war sehr viel offener, aber seine „Entmythologisierung" lag Heiler nicht. Bultmann konnte auch Heilers mystische Neigungen nicht verstehen. Es gab zudem den Gegensatz zwischen dem Oldenburger und dem Bayern, das spielte auch eine Rolle, rein vom Gefühl her. Aber Karl Barth war wirklich der „böse Geist" für Heiler. Im Grunde hatte er auch Recht. Jedenfalls hatten wir in den vierziger und fünfziger Jahren in Marburg eine sehr lebendige Atmosphäre, gerade auch mit dem Alttestamentler Emil Balla. Als Wolfgang Philipp seine Habilschrift einreichte, *Trinität ist unser Sein,* sagte Balla: „Um Gottes willen, da glaubt noch einer an die Trinität!" Und das in einer Theologischen Fakultät!

Balla war stark auf das jüdische Gottesverständnis konzentriert. Er war ein wunderbarer Lehrer, wenn man mit ihm die Psalmen und vor allen Dingen die

Propheten las. Da verwandelte er sich gewissermaßen in Jeremia, manchmal auch in Jesaja. Es war eine wahre Freude.

Das ist ein sehr wichtiger Punkt, der auch sehr hervorstechend ist für Ihren Zugang zum Islam, die Prägung durch die Anti-Bultmannsche oder Anti-Barthsche Richtung, die Religion als Religiosität ernst nimmt und sie nicht entmythologisiert.

Heiler war auch in seinem persönlichen Leben ein wirklich tieffrommer Mensch. Jeden Sonntag hielt er einen Gottesdienst in seiner kleinen Hauskapelle, und zwar die Deutsche Messe nach einer ganz alten liturgischen Form, das war wunderschön. Da bin ich jeden Sonntag in die Kirche gegangen. Viele seiner Predigten habe ich mitstenographiert, und jedes Mal, wenn der Satz kam: „Gott ist die Liebe", wusste ich, jetzt geht es noch zwei bis drei Minuten, dann war Schluss. Seine Predigten waren immer sehr kurz. Als ich dann andere Predigten hörte, war ich meist sehr enttäuscht.

Auch Bultmann hat berühmte Marburger Predigten gehalten und soll auch ein tieffrommer Mensch gewesen sein.

Ich hörte einmal in der Universitätskirche eine Predigt von ihm. Hinterher sagte ich zu meiner Mutter:

„Wenn er einen Schritt weiter gegangen wäre, wäre es reine Mystik gewesen." Er befand sich auf diesem Zwischengebiet; ich glaube, er wagte sich nicht weiter vor. Als kritischer Norddeutscher lag ihm das nicht.

Wie war denn in Bonn Ihre Beziehung zu den Religions-wissenschaften?

Meine Beziehung zu Gustav Mensching? Die bestand nicht. Mensching war Heiler-Schüler, er hat bei ihm auch promoviert. Das Thema seiner sehr guten Dissertation war „Das heilige Schweigen", und wir pflegten zu sagen: „Wenn er sich nur an diesen Titel gehalten hätte!" Mensching war ein guter Vortragender, er konnte Dinge klar und systematisch darstellen, aber er war überaus eitel. Ein Schauspieler war ein Waisenknabe gegen ihn. Er hat mir, glaube ich, nie verziehen, dass ich nach Bonn kam und mich mit dem Islam und ähnlichen Dingen beschäftigte. Er wusste, dass ich ihm sprachlich überlegen war. So haben wir uns tunlichst höflich gemieden.

Lehr- und Wanderjahre in der Türkei

Wann haben Sie den Islam erstmals richtig erlebt?

Das war 1952, als ich das erste Mal in die Türkei ging. Ich hatte ein Forschungsgemeinschafts-Stipendium, um arabische und persische Handschriften in Istanbul zu untersuchen. Ich arbeitete damals über den Mystiker Ibn Chafif und über das Gebet im Islam, ein Thema, das ich immer noch mal gerne in ein Buch umwandeln möchte.

In Istanbul wohnte ich bei türkischen Freunden. Von der Türkei und dem türkischen Islam war ich hingerissen. Im nächsten Jahr fuhr ich ohne Stipendium nach Ankara und verbrachte wieder viel Zeit mit meinen muslimischen Freunden. Später habe ich Samiha Ayverdi und den ganzen mystischen Kreis um Kenan Rifâ'i kennen gelernt.

1954 wurde ich für fünf Jahre als Ordinaria für Vergleichende Religionsgeschichte nach Ankara an die Islamisch-Theologische Fakultät (Ilâhiyat Fakültesi) berufen. In dieser Zeit bereiste ich die Türkei kreuz und quer und genoss es sehr, mich auch mit ganz einfachen Leuten zu unterhalten. Auf diese Weise habe ich viel über den Islam gelernt.

Meine Studenten stammten alle aus mittleren oder kleinen Verhältnissen, und ich unterrichtete auf Türkisch. Auch meine Bücher schrieb ich auf Türkisch – es gab damals keine türkischen Bücher über vergleichende Religionswissenschaft. Auf diese Weise habe ich das Fach überhaupt erst eingeführt. Durch die Reaktionen meiner Studenten und Kollegen auf das, was ich über Hinduismus, Konfuzianismus oder Christentum sagte, lernte ich, wie „normale" Muslime auf diese Dinge reagieren. Das hat meine Forschungsarbeit sehr befruchtet.

Wie waren denn die Reaktionen Ihrer muslimischen Studenten?

▥ Was das Christentum betrifft – ich lehrte Dogmen- und Kirchengeschichte bis hin zum modernen Christentum –, kamen wir immer wieder auf Martin Luther zu sprechen, er war ihre Lieblingsgestalt. „Wir brauchen einen Luther im Islam", sagten sie stets. Ein reformierter Islam, das war ihr Traum. Als ich ihnen erklärte, dass Luther für den Islam nicht viel übrig gehabt habe, waren sie tief enttäuscht.

Auch wenn ich ihnen erzählte, dass der moderne Protestantismus sehr nüchtern sei und dass viele Menschen nicht an die Jungfrauengeburt glaubten, reagierten sie empört und meinten, dass sie dann doch die besseren Christen seien!

Mit dem Hinduismus hatten meine Studenten nicht viel im Sinn, eine Religion mit derart vielen Göttern fanden sie ausgesprochen unsympathisch. Das Judentum dagegen interessierte sie, ebenso die Religionen des klassischen Altertums.

All diese Diskussionen waren außerordentlich interessant. Ich übersetzte meinen Studenten manches aus der christlichen Literatur, beispielsweise einige unserer evangelischen Kirchenlieder, und sie waren begeistert. „Befiehl du deine Wege" kann jeder Türke und jeder Muslim mitsagen.

Das hat mein Interesse an den Fragen, wie man sich über Religion verständigen kann, gefördert und geschärft. Die fünf Jahre in Ankara, der Unterricht in Religionsgeschichte, waren für mich eigentlich das entscheidende Erlebnis.

Ich hatte damals ja schon viel von dem indo-muslimischen Dichter-Philosophen Mohammed Iqbâl (1877–1938) gelesen und sein *Dschâvîdnâme* in deutsche Verse übersetzt. Als ich das *Dschâvîdnâme* dann 1958 kommentiert ins Türkische übertrug, war es ein großer Erfolg. Es ist übrigens im letzten Jahr wieder aufgelegt worden. Viele Türken sagten: Das ist genau der Islam, den wir haben möchten – dynamisch und fortschrittlich. Iqbâl war für sie ein besonders wichtiger Vertreter des modernen Islams.

Welchen Einfluss hatten die orthodoxen Gelehrten an der Theologischen Fakultät in Ankara?

■ Ich habe keine größeren Spannungen zwischen orthodoxen und nicht-orthodoxen Lehrern gespürt. Die Studenten waren alle gute Muslime, sie beteten täglich und fasteten auch. Als ich einmal während des Ramadan umzog, haben sie trotz ihres Fastens kräftig zugepackt und mir wunderbar geholfen. Später hat sich die Haltung der Fakultät verändert. Als ich vor vielen Jahren noch einmal dort war, war ein orthodoxerer Geist eingezogen. Doch in diesen frühen Jahren – die Fakultät war erst 1952 gegründet worden – war es eine welt- und kulturoffene Fakultät.

Die Studenten waren, wie gesagt, meist einfache junge Leute. Manche von ihnen wollten ins Militär gehen, als geistige Führer für die Soldaten. Wir hatten auch eine große Anzahl junger Frauen, die später als Religionslehrerinnen aktiv wurden. Meine Freundin Meliha, eine Orientalistin, wurde später Dekanin der Theologischen Fakultät. Allein die Tatsache, dass ich als junge, christliche und blonde Frau keinerlei Schwierigkeiten an der Fakultät hatte, zeigt, wie offen wir damals waren.

Wie stellte sich denn der Islam in den fünfziger Jahren in der Türkei dar, zwei Jahrzehnte nach der von Mustafa Kemal erzwungenen Laizisierung des Landes?

Ich schrieb in den fünfziger Jahren einen Artikel, in dem ich behauptete, dass der Islam in der Türkei durchaus nicht tot sei und dass da noch einiges zu erwarten sei – wie es dann auch gekommen ist. Da sagten meine Herren Kollegen: „Ach, Schimmelin, Sie spinnen ja, der Islam in der Türkei ist tot, da passiert überhaupt nichts weiter." Sie meinten, dass ich mich lieber mit klassischen Dingen beschäftigen sollte. Doch ich wusste schon damals, dass man allein mit arabischer Grammatik oder mit der Lektüre von *Balâdhurî* nicht durch die Welt kam.

Gelebter Islam versus Gesetzesislam

Als Forscherin haben Sie die islamische Welt überwiegend in der Welt der Texte wahrgenommen. Sie haben Texte redigiert und sie positiv oder negativ begleitet. Dabei taten Sie oft nicht viel anderes als beispielsweise Forscher, die sich mit dem Altgriechischen beschäftigen. Dennoch merkt man Ihrer Arbeit an, dass Sie den Islam nicht nur als eine Welt von Büchern, Quellen und Handschriften kennen, sondern auch als eine gelebte Realität. Können Sie sagen, inwiefern sich Ihre realen Kontakte mit der islamischen Welt auf Ihre Arbeit an den Texten ausgewirkt haben, welche Erkenntnisse und Wahrnehmungen Sie ohne die Erfahrung im wirklichen Umgang mit Muslimen nicht gehabt hätten?

Durch meine Erfahrungen in der Türkei konnte ich Texte, die ich früher gelesen hatte, viel besser interpretieren. Ich hatte mich schon sehr früh mit Mevlâna Rumi beschäftigt, ich habe ihn immer sehr geliebt. Bereits mit achtzehn Jahren übersetzte ich Texte von ihm, und 1949 verfasste ich das erste Büchlein über ihn. Ich dachte damals, dass ich ihn recht gut verstünde. Aber richtig verstanden habe ich ihn erst, als ich das erste Mal einen Frühlingstag in Konya miterlebte.

Da wusste ich plötzlich, warum er all diese Bilder für seine religiösen Erfahrungen verwendet.

Das war eigentlich der Durchbruch: Ich verstand Rumi nun nicht nur als großartigen Dichter und Mystiker, sondern als Menschen, der in allem, was er sieht und erlebt, die Zeichen Gottes erkennt. Das hat mich dieser Maitag in Konya 1952 wirklich verstehen lassen.

Das gilt nicht nur für Rumi, sondern auch für andere Dichter. Ich habe mich ja auch als Studentin nur selten mit rein abstrakten Texten beschäftigt. Ich las natürlich auch Abu Yusufs *Kitâb al-Charâdsch*, doch das war reine Pflichtlektüre. Meine Dissertation und meine Habilitationsschrift gehen beide über die Mamluken, und als ich Ibn Iyâs und Ibn Taghribirdi durcharbeitete, fand ich viele Parallelen zu unserer eigenen deutschen Geschichte in jenen Jahren: Die Emire mit all ihren schlechten Sitten und ihren Konfiskationen und den Hinrichtungen, die erinnerten mich derartig an unsere Nazigrößen, dass Ibn Iyâs' Werk mir fast wie eine mittelalterliche Schilderung unserer Zeit vorkam. Ich hätte nie eine Dissertation über den arabischen verneinten Imperativ in Bagdad im Jahr 758 schreiben können oder über irgendwelche philosophischen Dinge; das war mir zu abstrakt. Ich war immer stark am Leben selbst interessiert, auch als ich noch gar keine lebendigen Orientalen kannte.

Westlichen Beobachtern ist es oft schwer zu vermitteln, dass es einen Gegensatz gibt zwischen dem Gesetzesislam, wie er an den theologischen Hochschulen gelehrt und gepredigt wird, und dem gelebten Islam, wo die Mullahs in direktem Kontakt zu den Gläubigen stehen und bei Hochzeiten und Trauerfeiern dabei sind – und natürlich zur Mystik. Dass diese beiden Welten, die sich oft ganz und gar zu widersprechen scheinen, gleichzeitig existieren und auch miteinander harmonieren, ist nicht leicht zu erklären.

▪ Ja, das ist richtig. Man wird häufig für voreingenommen gehalten, wenn man seine praktischen Beobachtungen wiedergibt, die nicht immer mit dem, was in den Büchern steht, übereinstimmen. Ich hatte das Glück, dass ich als ausländische Frau mit allen Kreisen in Verbindung kam, auch mit den Mullahs. Wenn sie mir nicht die Hand geben, stört mich das nicht. Da ich etwas vom Islam verstehe, wie ich bescheiden sagen zu können glaube, und sie gleichzeitig respektiere, habe ich nie Schwierigkeiten gehabt.

Gerade in letzter Zeit werde ich oft gefragt, wie ich es fertig gebracht habe, mit den Leuten zu sprechen, eine Frau dürfe doch mit einem Mann nicht sprechen – und was man nicht alles hier zu hören bekommt. Ich habe mit so vielen Männern gesprochen, mit Pîrs, Scheichs und Mullahs! Gleichzeitig kann ich ja eine Welt betreten, die den Männern verschlossen bleibt: Ich kann die schönsten Frauen Indiens, Pakistans und Arabiens sehen, weil ich auch in den Frauengemächern zu Hause bin. So habe ich das Beste von beiden Welten.

Das erregt bei westlichen Beobachtern oft Überraschung, manchmal auch Zorn. Doch ich habe in all diesen Jahren nie Schwierigkeiten mit Geistlichen gehabt, ich habe mich meist wunderbar mit ihnen unterhalten. Mit Tantawi, dem Großscheich der Kairoer Azhar-Universität, habe ich ein geradezu herzliches Verhältnis. Mit seinem Vorgänger Gad ul-Haqq habe ich mich auch etwas unterhalten. Aber mit dem iranischen Staatspräsidenten Mohammed Châtami oder mit pakistanischen Sufi-Führern ist es ganz entspannt. Ich habe immer das Gefühl, dass wir auf der gleichen Wellenlänge sind. Auch mit einem Hindupriester, einem Chief-Rabbi oder einem Chassiden komme ich gut aus. Man muss die Leute in ihrem So-Sein (– ich hasse allerdings dieses Wort –), in ihrer Art zu leben, respektieren.

Wenn man hier etwas aus muslimischen oder westlichen Quellen über die islamischen Gesetze und Vorschriften liest, dann akzeptiert man das als wahr. Fährt man dann aber in die islamischen Länder selbst, stellt sich das Leben oft ganz anders dar, als es den Büchern nach eigentlich sein müsste – in vielerlei Hinsicht sehr viel lebenswerter, als es die Dogmen oder Vorschriften vermuten lassen.

■ Da haben Sie völlig Recht. Ein Mensch, der zum Beispiel in Neu-Delhi oder Kairo deutsche Geschichte und Kultur studierte und bei seinem ersten Deutschlandbesuch plötzlich eine Love-Parade sieht, muss auch sein gelerntes Deutschlandbild revidieren. Ich glaube, man muss einerseits die eigentlichen Normen kennen, andererseits offen genug sein zu sehen, wie wenig die Normen auf das normale Leben einwirken. Das ist manchmal eine große Enttäuschung.

Gibt es dennoch nicht einen gewissen Widerspruch im Islam? Der Islam stellt viele Gesetze auf, wenn nicht im Koran, dann doch etwa in den Handbüchern des Rechts, die das Leben der Menschen stark bestimmen und auch reglementieren. Bestimmte Normen sind sehr streng. Unterscheidet sich davon nicht häufig die gelebte Realität in den islamischen Ländern, die oft liberaler und gelassener verläuft?

■ „Gelassen" ist das richtige Wort. Ich habe das oft bei meinen orthodoxen Freunden in Konya erlebt. Obwohl sie Sufis waren, waren sie sehr gesetzesgläubig, beteten täglich fünfmal, fasteten natürlich und pilgerten nach Mekka, sofern sie es sich leisten konnten. Wenn wir zusammen waren, waren sie aber sehr locker und gelöst. Ich glaube, diese Menschen haben einfach das Gefühl, dass sie in einem geistigen Netz gehalten sind, so dass sie nicht fallen können. Sie sind glücklich, dass sie es so leicht haben, dass ihnen die Dinge vorgeschrieben sind und sie vieles nicht auf sich nehmen müssen. Sie müssen gehorchen und vor allem die Grundgebote erfüllen, nämlich Gastfreundschaft und Nächstenliebe. Ich glaube, dass sich die frommen Muslime geborgen fühlen in der Härte des Gesetzes.

Für einen Lutheraner oder für andere Christen ist das vielleicht schwer zu verstehen. Es fiel meinen muslimischen Freunden nicht schwer, auch die schwierigeren Gebote zu halten. Gleichzeitig gaben sie denjenigen, denen das nicht leicht fiel, Hilfestellung, ja sie kochten im Fastenmonat Ramadan ihren Gästen mittags etwas zu essen. Diese Haltung hat mich sehr beeindruckt. Dabei ist der Koran, wenn man ihn mit den Regeln der Tora vergleicht, bedeutend einfacher.

Ist diese gelebte Religiosität nicht auch eine Herausforderung für unsere Gesellschaft? Führt es nicht automatisch zu bestimmten Abwehrhaltungen, wenn plötzlich eine Minorität im Lande ihre Religiosität ganz selbstverständlich auslebt?

■ Ja, da haben Sie Recht. Die Frage ist in der Tat: Wie passen Menschen, die wirklich etwas glauben und danach leben, in unsere Spaßgesellschaft?

Viele Christen, gerade in der evangelischen Kirche, scheinen in ihrer eigenen säkularisierten Religiosität verunsichert.

Fromme Muslime dagegen beten an so ziemlich jedem Ort der Welt ganz selbstverständlich. Ein muslimischer Besucher verrichtete während der Adventszeit einmal sein Gebet bei uns im Wohnzimmer auf einem Tuch vor der erzgebirgischen Weihnachtspyramide!

■ Ich habe es auch immer wieder erlebt, selbst im säkularisierten Ankara, dass mich türkische oder pakistanische Freunde plötzlich fragten, ob ich ein sauberes Laken oder Ähnliches habe. Auf diesem improvisierten Gebetsteppich, der *sadschdschâda*, verrichteten sie dann ihr Gebet. Ich gestehe: Das imponiert mir ungeheuer.

Das muss Sie ja als Autorin der „Zeichen Gottes" auch besonders faszinieren. Diese Wahrnehmung der Schöpfung als Zeichen Gottes, als Sakralisierung nicht nur der Schöpfung, sondern auch des persönlichen Alltags findet man schon im Koran angelegt. So hat es Abu Zaid auch für seine Eltern als normal beschrieben. Wenn fromme Muslime beten wollen und es keine Moschee gibt, gehen sie einfach in die Kirche und beten dort. Sehen Sie einen Zusammenhang zwischen dieser Wahrnehmung der Schöpfung als Zeichen und der Beobachtung, dass Muslime offenbar im Alltag weniger Probleme damit haben, ihre Religiosität auch in anderen Welten zu leben oder andere Religionen in den eigenen religiösen Kosmos mit aufzunehmen?

▪ Das ist natürlich eine sehr komplexe Frage. Wenn ich von meinen muslimischen Freunden ausgehe, würde ich sagen, dass sie diese Zeichen tatsächlich überall finden. Ich sagte bereits, dass ich meinen Rumi erst richtig verstand, als ich den Frühlingstag in Konya erlebte. Rumi ist ein besonderes Beispiel für diese Art Weltanschauung. Ich sah es aber auch bei Freunden, die beim Anblick eines Schmetterlings oder irgendeiner kleinen Sache plötzlich ganz hingerissen ausriefen: *„Subḥâna' llâh, subḥâna' llâh. Gepriesen sei Gott!"* Das finde ich eine wunderschöne Haltung. Ich weiß nicht, ob man diese Haltung gegenüber einem Computer empfinden kann, aber in der Schöpfung sicher. Vielleicht sollte man auch bei einem Computer sagen: *„Subḥâna' llâh!"*

Im Koran sind es die Schiffe, die unter den Zeichen Gottes aufgeführt werden, also Werke der Zivilisation! Aber der Computer ist doch etwas anderes, weil da eine gewisse Dimension der Sinnlichkeit fehlt.

▪ Da ich keinen habe, kann ich da nicht mitreden, ich spreche bloß aus ferner und erschauernder Distanz …

Nun ist die Lebensrealität in vielen islamischen Ländern und auch vieler Muslime in Deutschland oft nicht so, wie es sich aufgeklärte Muslime oder Christen wünschen. Vieles ist heute viel weniger liberal als vielleicht noch vor fünfzig Jahren. Die Normen scheinen sich eher zu verfestigen, als dass sie sich öffnen.

■ Ja, das bekümmert mich auch. Es ist wie mit dem Bilderverbot. Im 14. Jahrhundert wird der Prophet in den Raschîd-ud-Dîn-Handschriften – die heute in Edinburgh sind – ganz normal mit offenem Gesicht dargestellt. In späteren Darstellungen wird das Gesicht verschleiert, dann erscheint bei den Himmelfahrtsdarstellungen nur mehr eine Rose statt des Propheten. Wenn man heute in den islamischen Ländern eine Abbildung einer solchen Handschrift aus dem 14. Jahrhundert veröffentlichen will, wird das Buch nicht gedruckt oder verkauft, es ist tabu; denn jetzt ist die Darstellung des Propheten absolut verboten. Mein Buch *Und Mohammed ist Sein Prophet,* in das ich solche Bilder mit aufnahm, wurde in Pakistan nicht verkauft. In Ägypten nahm man, glaube ich, die Bilder heraus.

Ist die Moderne denn schuld am Aufkommen des Islamismus?

■ Ich glaube schon. Sie hat zumindest dazu beigetragen. Wenn so viele verschiedene Dinge auf eine Gesellschaft einströmen, ist es nur natürlich, dass es kräftige und heftige Gegenwirkungen gibt. Der große Wandel innerhalb der letzten vierzig, fünfzig Jahre, seitdem ich das erste Mal in den Orient kam, ist unübersehbar, nicht nur in wirtschaftlicher, sondern auch in geistiger Hinsicht. Ich merke das oft bei meinen jungen türkischen, pakistanischen oder arabischen Freunden: Sie haben ein ganz anderes Verhältnis zur Geschichte als meine Studenten damals in Ankara oder meine Freunde in Damaskus.

Wie bewerten Sie diesen Wandel?

▪ Mir tut es natürlich Leid, dass vieles verloren geht. Aber die muslimische Jugend darf sich nicht verschließen. Sie muss auch die Gelegenheit haben, sich in die Moderne einfühlen und in ihr mitarbeiten zu können.

Forschungsfeld indischer Subkontinent

Sie haben nicht nur innerhalb der islamischen Religion – mit der Mystik – den allgemeinen Interessenhorizont der deutschen Orientalistik überschritten, auch bezüglich Ihrer geographischen Ausrichtung verließen Sie den main stream *des Nahen Ostens und wandten sich dem indischen Subkontinent zu.*

Die Nahtstelle zwischen Islam und Hinduismus interessierte mich schon immer. Schon in frühester Kindheit faszinierte mich, wie ich Ihnen erzählte, das Märchen vom Zusammentreffen eines Gurus mit einem Jüngling aus Damaskus. Der Mann der Cousine meiner Mutter war damals Hansakapitän und fuhr zweimal im Jahr nach Kalkutta. Ich habe noch die Postkarte vom Victoria Memorial in Kalkutta, die ich als kleines Mädchen erhielt.

Nachdem man mir beim Arbeitsdienst die arabische Grammatik weggenommen hatte, nahm ich all meinen Mut zusammen und schrieb an den Imam der Berliner Moschee, der aus Lahore stammte, ob er nicht wüsste, wie ich in eine Lahorer Familie kommen könnte. Ich wollte etwas über den indischen Islam wissen. Der

Mann war höchst erstaunt, von einem jungen Mädchen einen solchen Brief zu kriegen. Er schrieb mir, meine Idee sei zwar wunderschön, aber leider hätte er so etwas noch nie gehört.

Während des Krieges las ich als Studentin in unserer Seminarbibliothek in einem Band der Zeitschrift *Islamica* Nicholsons Artikel über Iqbâls *Payâm-i Maschriq*, die „Botschaft des Ostens", von 1923, die Iqbâl als Gegenstück zu Goethes *West-östlichem Divan* gedacht hatte. In meinem Lieblingsgedicht treffen sich Goethe und Rumi im Paradies und einigen sich auf einen Vers aus Rumis *Mathnavi*, dass der Intellekt von Satan, von Adam die Liebe stammt. Da wusste ich: Das ist der Dichter, mit dem ich mich beschäftigen werde.

Nach der Teilung des Subkontinents erschien in Pakistan eine sehr schöne Zeitschrift, *Pakistan Quarterly*, die gerade viele Orientalisten um Artikel bat. Ich schrieb einen Beitrag über die Frauen in der Mystik und erbat mir als Honorar kein Geld, sondern Bücher über Iqbâl, die ich auch erhielt.

Auf merkwürdige Weise habe ich dann über den Philosophen Rudolf Pannwitz und durch den Dichter Hanns Meinke zwei persische Werke von Iqbâl bekommen. Meinke hatte einiges von Iqbâl aus dem Englischen übersetzt. Als Dank hatte ihm Iqbâl seinen *Payâm-i Maschriq* und das *Dschâvîdnâme* geschickt. Da Meinke kein Persisch konnte, schenkt er mir die Bände. Ich habe noch meine beiden alten Exemplare: Da habe ich gleich alles in Stenographie zwischen den

Zeilen übersetzt. Ich wußte: Das ist endlich das Gebiet, von dem ich geträumt hatte.

In der Türkei las ich in den späten fünfziger Jahren meinen türkischen Freunden immer wieder aus Iqbâl vor und hielt Vorträge über ihn. Ich freundete mich mit dem pakistanischen Botschafter an, und im Frühjahr 1958 wurde ich das erste Mal nach Karatschi eingeladen.

Sindh

Als ich 1958 nach Pakistan kam, war es völlig um mich geschehen: Ich traf so viele interessante Menschen, von denen mir jeder neue Aspekte der Kultur eröffnete. Ich war zunächst in Karatschi, in Sindh, und lernte die Sindhi-Kultur kennen. Ich mochte die Sindhi-Musik und sah die wunderbaren Grabanlagen in Makli Hill. Als ich einen der größten Gelehrten des Landes fragte, wo ich etwas über diese Grabanlagen lesen könnte, antwortete er etwas herablassend, wie nur ein Pîr es sagen kann: „Ich habe etwas über die Anlagen geschrieben, aber das können Sie nicht lesen, es ist in Sindhi."

Nun erzählen Sie mir mal, dass ich eine Sprache nicht lesen kann! Sechs Monate später hatte er den ersten Sindhi-Brief von mir. Da hatte sich eine neue Welt aufgetan, denn ich hatte eine wunderbare Quelle der Literatur gefunden. Es gibt nämlich im Sindhi eine mystische Poesie, die unvorstellbar schön ist, aber auch eine sehr interessante moderne Literatur.

Dazu kam, dass die erste grundlegende Grammatik des Sindhi von Ernst Trumpp, einem deutschen Missionar, verfasst wurde, den wir auch aus der Semitistik kennen. Seine Sindhi-Grammatik ist allerdings derart kompliziert, dass man kaum etwas daraus lernen kann. Ich habe es trotzdem versucht.

Anhand einer kleinen einfachen Grammatik arbeitete ich mich ins Sindhi ein und stellte mir mein eigenes Wörterbuch zusammen. Als die Pakistaner entdeckten, dass sich hundert Jahre nach Trumpp erneut ein deutsches Wesen für ihre Sprache interessierte, waren sie begeistert. Ich schloss damals meine schönsten Freundschaften, und meine größten, wirklich guten Erfahrungen im praktischen Islam habe ich in Sindh gemacht.

Sindhi hat mich auch deshalb so fasziniert, weil es darüber noch kaum Literatur gab. Um 1961 schrieb ich einem meiner Kollegen, dass ich mich jetzt sehr mit Sindhi und Sindhi-Literatur beschäftigte. Er schrieb zurück, dass es sehr interessant sei, dass ich Hindi lernte. Worauf ich antwortete: „Sindhi, lieber Herr, nicht Hindi." Tatsächlich hatte auch ich zuvor nicht viel von dieser Sprache gehört. Ich schrieb dann viele Artikel über Sindhi-Kultur, über Sindhi-Literatur, und machte Übersetzungen aus dieser Sprache. Dadurch kam ich auch in enge Beziehung zur Bhutto-Familie, die seit Jahrhunderten Großgrundbesitzer in Sindh war.

In Pakistan fühlte ich mich immer wie zu Hause. Durch meine Iqbâl-Liebe einerseits und meine Sindhi-Liebe andererseits wurde ich auch in den verschiedensten Kreisen bekannt. So traf ich ganz unterschiedliche Menschen, von den Regierenden bis hin zu armen Dorffrauen in der Thar-Wüste. Ich habe mich auch deshalb immer sehr glücklich gefühlt, weil der mystische Islam dort eine sehr große Rolle spielte.

Ich glaube, ich kenne fast alle Sufi-Scheichs, die in dieser Gegend überhaupt erreichbar sind, und habe sehr schöne und lehrreiche Gespräche mit ihnen gehabt.

In Pakistan lernte ich auch viele Künstler kennen, Maler und Musiker, die kannten und kennen mich alle. Der erste Anruf dieses Jahr kam von dem bekanntesten Maler Pakistans, Gulgee. Auch in London ist die Hälfte meiner Freunde Inder oder Pakistaner – eigentlich brauchte ich mich gar nicht mehr in den Subkontinent zu begeben.

Indien

1958 nahm ich am religionshistorischen Kongress in Tokio teil und besuchte auf dem Rückweg Manila, Hongkong und Delhi. So kam ich das erste Mal nach Delhi, Agra und auch nach Ajmer zu dem großen Heiligtum *Muʿînaddîn Tschischtis.*

Von da an war ich regelmäßig in Indien, wo ich neben Delhi, Agra und Lucknow auch einige Sufi-Schreine im Ganges-Gebiet und in Bihar aufsuchte. Meine liebste Gegend in Indien ist der Dekkan, das südliche Indien, das ich erstmals 1979 besuchte. Damals war in Pakistan Bhutto gerade hingerichtet worden, und ich wollte aufgrund der politischen Lage nicht nach dem sonst so geliebten Pakistan. Als mich das Goethe-Institut nach Hyderabad / Dekkan einlud, dachte ich, das sei endlich meine Chance. Ich flog über Bombay und Madras dorthin, und es wurde eine der schönsten Reisen meines Lebens.

Der sehr nette Goethe-Instituts-Leiter machte mich mit einem indischen Archivar bekannt, der über die gesamte Geschichte des Dekkan Bescheid wusste. Er kannte sämtliche Sufi-Heiligen und konnte Hunderte Gedichte auswendig. Wir mieteten ein Auto mit Fahrer, und der Archivar führte mich durch die großen Hauptstädte des Dekkan: Bidar, Gulbarga und Bijapur.

Es war wunderbar, mit einem Menschen zu reisen, der so ganz in dieser Landschaft lebte, der zu jeder Ecke ein Gedicht oder eine Geschichte kannte. Ich lernte die herrlichen Bauten kennen, die zwar jetzt etwas verfallen sind, aber an Schönheit denen in Nordindien durchaus nicht nachstehen. Und so war ein Stück meines Herzens auch dem Dekkan verfallen.

Ich erinnere mich vor allem in Hyderabad an einen alten Herrn, der ein hoher Beamter im Finanzministerium war, dann ein Derwisch wurde und ein kleines

Mausoleum betreute. Von ihm habe ich viel über den Sufismus gelernt – nicht so sehr von seinen überschwänglichen äußeren Formen, sondern mehr von der wirklichen Tiefe des Sufismus. Er war unter all denen, die ich gekannt habe, einer der eindruckvollsten Sufis, jemand, an den ich sehr oft denke. Wenn alle Menschen so wären wie er, wäre die Welt besser.

Indien ist uns trotz seiner geographischen Entfernung in vielem vertraut. Es gab eine bestimmte Indienmode, und Yoga wird auch bei uns praktiziert.

▪ Ach ja. Jede edle Dame nennt das, was früher Gymnastik hieß, Yoga, wenn sie die Beine in einer bestimmten Weise faltet. Aber im Ernst: Als Kind interessierte ich mich sehr für die hinduistische Seite. Ich schwärmte für Tagore, für Vivekananda und Krishnamurti; ihre Namen klangen in meiner Kindheit geheimnisvoll und schön. Heute habe ich viele Hindu-Freunde, sowohl in Indien als auch in Bengalen. Es gibt auch noch kleine Gruppen von Hindus in Pakistan, in der Thar-Wüste oder in Las Bela.

Ich beschäftigte mich natürlich auch mit den Upanischaden, ein Muss, wenn man sich für islamische Mystik interessiert. Ich las auch ein bisschen *bhakti*-Poesie, weil die der Sufi-Poesie sehr ähnlich ist. Manchmal weiß man gar nicht, ob ein Gedicht von einem *bhakta* oder einem Sufi geschrieben ist.

Da ich viele Ismailis kenne und auch viele Ismaili-Schüler hatte, beschäftigte ich mich auch mit der Ismaili-Tradition des Subkontinents. Es ist ein faszinierendes Gebiet; da kann man ein ganzes Leben drauf verwenden. Ich habe das große Glück, dass mein bester Schüler und Nachfolger ein Ismaili ist, von dem ich sehr viel gelernt habe. Dadurch habe ich sehr gute Beziehungen zu den Ismailis in Pakistan und Indien, ebenso wie zum Aga Khan.

Die Miniaturmalerei reizt mich auch, weil es in der Mogul-Periode diese wunderbare Verbindung zwischen Hindu- und islamischer Tradition gibt. Die Hindu-Architektur ist mir allerdings recht fremd. Wenn ich diese erotischen Plastiken in Kadschurao sehe, spiegeln sie nicht unbedingt mein Gefühl – da bin ich mehr für ein schönes muslimisches Grabmal im Dekkan oder für den Tadsch Mahal!

Können Sie einen Grund benennen, warum Sie der indisch-pakistanische Islam, die indisch-pakistanische Lebenswelt mehr angezogen hat als die zentralarabische?

▪ Das stimmt so nicht. Ich wäre gerne mehr in die zentrale arabische Welt gereist. Aber mein Kismet hat mich durch die Iqbâl-Arbeit und mein frühes Interesse an „Padmanaba und Hassan" auf den indischen Subkontinent geführt. Ich wäre gerne länger in Ägypten oder Syrien gewesen, das war ja mein erstes Fachgebiet. Ich reiste erst sehr spät dorthin und auch nicht für längere Zeit. Kairo war allerdings zunächst eine Enttäuschung: Das sah so anders aus als in den Werken über meine Mamluken. Ich ging mit Ibn Iyâs durch die ganzen Gassen und Straßen der Stadt, aber die waren nun leider alle nicht mehr so, wie ich sie mir vorgestellt, wie ich mir die Stadt gedacht hatte. In Istanbul habe ich mich dagegen sofort zu Hause gefühlt.

Dennoch glaube ich, dass der indische Subkontinent so etwas wie eine Droge ist. Wenn man sie einmal genossen, wenn man einmal Indo-Pakistan, Afghanistan und auch die zentralasiatische Welt kennen gelernt hat, ist es schwierig, sich wieder davon loszureißen, und das wollte ich auch gar nicht. Es ist ungeheuer anregend.

Pakistan politisch

Vielen gilt Pakistan heute als das politische Schreckensbild schlechthin. Auch der Konflikt mit Indien um Kaschmir eskaliert derzeit gerade wieder.

Ja, weil die Inder Kaschmir unrechtmäßig annektierten. Kaschmir war seit dem 13. Jahrhundert islamisch. Es hatte 1947 98 Prozent Muslime, aber einen Hinduherrscher. Damals wurde es – entgegen dem ursprünglichen Teilungsplan – von Indien annektiert, wahrscheinlich weil die Nehru-Familie aus Kaschmir stammt. Die Briten hatten Kaschmir in der Mitte des 19. Jahrhunderts an einen der Dogra-Hindus verkauft – so war diese Situation entstanden.

Im Dekkan, im Gebiet des Nizams von Hyderabad, verlief es genau umgekehrt: Dort lebten 35 Prozent Muslime, doch der Herrscher war ein Muslim. Aber weil dort mehr Hindus als Muslime lebten, wurde es 1948 der Indischen Union einverleibt. Wie die indische Regierung sich diese beiden Dinge geleistet hat, ist schon sehr merkwürdig.

Kaschmir gehört geopolitisch, wenn man sich die Karte anschaut, und auch geologisch zu Pakistan; der Jhelum fließt durch das Land nach Pakistan. Ich kann sehr gut verstehen, dass die Pakistaner hier nicht nachgeben wollen. Entsprechend dem Teilungsplan sollten mehrheitlich muslimische Gebiete zu Pakistan gehören. So gesehen ist es ein Unrecht, und ich bin da ganz auf der pakistanischen Seite. Anfang der achtziger Jahre war ich einmal in Kaschmir; es war trostlos.

Die pakistanische Gesellschaft ist mit immensen politischen und sozialen Problemen konfrontiert, wobei die staatliche Ordnungsmacht weitgehend versagt. In manchen Teilen der Stadt Karatschi hat der Staat praktisch aufgehört zu funktionieren. Die Menschen verwalten hier ihr Leben selbst, schaffen eigene Strukturen, um die Wasserversorgung, soziale Dienste und Schulen zu organisieren.

■ Pakistan hat großes Unglück gehabt: Ein Jahr nach der Staatsgründung starb der Qaid-i Azam M. A. Jinnah, ein oder zwei Jahre später wurde sein Nachfolger, Liaqat Ali Khan, ermordet. Seitdem gab es einen ständigen Wechsel an Führungspersönlichkeiten. Wir alten Pakistaner sagen immer, die beste Zeit war immer noch unter Ayyub Khan. Damals hatten wir Hoffnung; Islamabad wurde langsam erbaut. Es gab funktionierende staatliche Strukturen, und es wurde etwas geleistet. Doch dann kam Yahya Khan, übrigens der einzige, den ich nicht persönlich kennen lernte.

Mit Bhutto war es ein zweischneidiges Schwert. Als Großgrundbesitzer und Populist war der hochintelligente Mann, ausgebildet in den USA, bei vielen unbeliebt, doch er war sehr dynamisch. Dann kam Zia ul-Haqq, der sich selber als „unwissend" bezeichnete und so viel wie möglich über die Kultur seines Landes lernen wollte. Er hatte eine sehr schlechte Presse im Westen und zum Teil im eigenen Lande, war aber menschlich sympathisch. Ich lernte beide sehr nahe kennen.

Ruth Pfau, die deutsche Lepra-Ärztin, die seit Jahrzehnten in Pakistan arbeitet, schreibt in ihrem autobiographischen Buch *Verrückter kann man gar nicht leben,* dass ihr bei ihrer sozialmedizinischen Arbeit niemand mehr Hilfe leistete als Zia ul-Haqq. Das ist richtig. Ich kenne ihn auch von dieser Seite.

Kann man denn die zahlreichen Menschenrechtsverletzungen und Säuberungen des Regimes von Zia ul-Haqq entschuldigen oder übersehen?

▪ Bhutto veranlasste ebenfalls viele Hinrichtungen; es wurde in der Presse nur nicht so hervorgehoben.

Zia ul-Haqq betrieb ja vor allem die Islamisierung des Militärs.

▪ Das stimmt. Dennoch war Zia ul-Haqq entschieden der bescheidenere. Wenn man sich mit ihm auf persönlicher Ebene unterhielt, war er ganz anders, als wenn man ihn offiziell sah oder hörte. Ich weiß, dass Zia ul-Haqq viele Dinge tat, die er nicht hätte tun sollen, aber Bhutto tat dies auch; dennoch hatte er die westliche öffentliche Meinung für sich.

Viele Pakistaner sagen heute, dass sich zentrale Weichenstellungen von Zia ul-Haqq als fatal erwiesen. Ein Urteil über einen Menschen ist immer etwas anders als über einen Politiker: Diesen muss man an dem messen, was er leistet oder nicht leistet. In puncto Freiheit erreichten die Pakistaner nicht, was sie sich wünschten. Das Militär wurde gefördert, aber viele staatliche Institutionen, angefangen vom Eisenbahnwesen bis hin zu Krankenhäusern und Schulen, funktionieren nicht mehr wie in den sechziger Jahren.

▪ Das kann man freilich nicht alles nur Zia ul-Haqq anlasten. Ich bin weit davon entfernt, ihn zu idealisieren, aber nach ihm ist es erst richtig chaotisch geworden.

Nach ihm kamen korrupte Herrscher wie Benazir Bhutto oder Nawaz Sharif. Offenbar hat Zia ul-Haqq das Land bereit gemacht für diese Art der korrupten Demokratie, für die Übernahme durch die Großgrundbesitzer.

▪ Zia ul-Haqq war der Einzige, der nicht aus der Großgrundbesitzerclique stammte. Er war ein einfacher Soldat aus dem östlichen Pandschab, das heute zu Indien gehört. Diese Großgrundbesitzerclique kenne ich sehr genau. 1958 habe ich die Bhutto-Familie erstmals kennen gelernt. Sie spielten damals noch keine große Rolle, doch in einem wunderbaren Sindhi-Buch, das mir Bhutto selbst empfahl, berichtet der Sindhi-Landlord Pîr Ali Mohammed Rashdi allerlei über die Aktivitäten der Bhutto-Familie in der Politik Britisch-Indiens. Er beschreibt sehr genau die große Rolle, die die Pîrs, die Führer der Sufi-Orden, und die Landlords vor und nach der Gründung Pakistans spielten. Ich habe das mit eigenen Augen gesehen, und da hat sich leider nie etwas geändert. Man hoffte immer, dass mal eine andere Form der Regierung käme, die die Erziehung förderte, mehr Schulen baute, bessere Krankenhäuser und so weiter. Sicher ist jedenfalls: Die verfehlte Sozialpolitik begann nicht erst mit Zia ul-Haqq.

Haben Sie eine Erklärung dafür, dass Indien, das doch durch das Kastensystem geprägt ist, d. h. von extremen sozialen Unterschieden, die religiös legitimiert sind, heute in seiner Politik viel weniger von Klassengegensätzen bestimmt ist als Pakistan?

▓ Nein, das kann ich auch nicht erklären. Es wundert mich auch. Es hat diese riesigen Großgrundstrukturen nur in Sindh und im Pandschab gegeben, deren Geographie durch Flüsse bestimmt wird. Hier entwickelte sich der Großgrundbesitz. Die Großgrundbesitzer agierten häufig als geistige Führer, als Pîrs; oft waren diese beiden Aspekte in einer Person vereint. Dadurch hatten und haben sie natürlich – zum Teil immense – Macht. Sie können z. B. ihren Untertanen und Ordensmitgliedern sagen: „Wählt den und den!", und dann geschieht das. Das habe ich selber gesehen und in Gesprächen gehört.

Kannten Sie auch den berühmten Islamisten Abû l-A'lâ al-Maudûdî?

▓ Ich kannte ihn nicht persönlich. Ich weiß nur, dass er mich nicht leiden konnte. Aber das war kein Wunder, ich passte nicht in sein Weltbild. Ich kannte natürlich etliche von den ganz orthodoxen Muslimen, ich kannte Vertreter der verschiedensten religiösen Formen. Die Gruppe um Ghulam Parvez war mir ziemlich gut bekannt. Für sie gab es nur den Koran, nicht aber die Tradition des Propheten. Einmal stritt ich mich mit einer sehr frommen Familie dieser Richtung über die Legitimität des Sufismus. Sie erklärten mir allen Ernstes, dass es den Sufismus nicht gäbe, da das Wort *taṣawwuf* („Sufismus") oder der Begriff „Sufi" im Koran nicht vorkomme.

Wie ist es möglich, dass so eine Gruppe über derart viel Einfluss verfügt?

▪ Sie meinen Maudûdî? Pakistan wurde im Namen des Islams gegründet, obgleich Jinnah alles andere als ein frommer Muslim war. Zum einen war er Ismaili, zum anderen konnte er kaum Urdu sprechen; es war eigentlich eine seltsame Situation.

Dennoch wurde Pakistan im Namen des Islams gegründet, was es für Leute wie Maudûdî leicht machte, seine Gedanken zu verbreiten. Er war übrigens zunächst gegen die Gründung Pakistans, bis ihm die Inder zu verstehen gaben, dass er bei ihnen nichts zu suchen habe. Erst dann ging er nach Pakistan.

Dort organisierte er seine islamische Gruppe, die Jamâ'at-i Islâmî, die übrigens rein theoretisch sehr schöne islamische Vorstellungen hat. Sicher ist, dass sie bei Katastrophen wie Überschwemmungen und Erdbeben immer als erste zur Stelle war und Hilfsdienste leistete. Das machte sie natürlich für viele Leute attraktiv.

Heute gibt es viele verschiedene islamistische Gruppierungen, von denen manche auch sehr radikal sind. Die alten Sufi-Strukturen brechen zusammen; viele Sufis werden von diesen Radikalen oder von unwissenden Militärbehörden verfolgt. Ich kenne ein paar Murids, also Novizen, von einem Sufi, der lange im Gefängnis war. Ein Murid erzählte mir, was sein Meister gesagt hatte; es war praktisch wortwörtlich das, was die Naqschbandi-Mystiker im 18. Jahrhundert über das *fanâ' fi-r-rasûl*, das „Entwerden im Propheten", sagten. Doch die zuständigen Polizeibeamten und Juristen begriffen dies nicht und meinten, der Mann behaupte, ein Prophet zu sein. Der Murid war übrigens ein sehr moderner junger Sufi, der Handy und Internet preist und ganz begeistert ist, seinen Pîr immer schnell via E-Mail erreichen zu können. Da habe ich nur tief Luft geholt: Das ist moderner Sufismus.

Es gab in den letzten Jahren sehr viele negative Entwicklungen, und es tut mir entsetzlich Leid, dass ein Land, das mit solchen Schmerzen auf die Welt kam, nun so leidet. Die Menschen sind so liebenswert und sehnen sich nach einem funktionierenden Staat!

Aber es ist wirklich auffällig und auch sehr traurig, dass sich ausgerechnet in der islamischen Kultur, die über Jahrhunderte hinweg – abgesehen von einigen schlechten Herrschern – im Zusammenleben der Kulturen eine bemerkenswerte Toleranz aufgebracht hat und in der der Sufismus eine herausragende Rolle spielte, eine derartige Intoleranz Fuß gefasst hat. Dass sich gerade hier dieser puritanische Deobandi-Islam und damit zusammenhängend auch der Taliban-Islam ausgebreitet haben und dass Christen hier auf eine Weise verfolgt werden, wie wohl nirgends in der islamischen Welt …

▪ Ja, das ist es in der Tat. Während des Mogulreichs wurden die Christen eigentlich völlig toleriert. Die Auseinandersetzungen vom 15. bis zum 17. Jahrhundert mit einigen Portugiesen waren politisch, nicht religiös inspiriert.

Wie es in Pakistan zu dieser Entwicklung kam, kann ich mir nicht erklären. Ich bin fast jedes Jahr dort, und ich liebe das Land und die Menschen immer noch, aber über die heutige Situation bin ich sehr traurig. Ich wünschte, es gäbe einmal einen Staatsführer, der wirklich aufräumte. Grundsätzlich bin ich immer noch optimistisch, weil es in der Politik und gerade im Orient häufig unerwartete Wendungen gibt. Das mag mal wieder sehr utopisch und romantisch sein, aber ich gebe die Hoffnung nicht auf.

Die Art, wie Muslime zum Teil in Indien behandelt werden, ist auch nicht gerade erfreulich. In Hyderabad im Dekkan ist die Hinduisierung besonders auffällig. In Delhi bestehen natürlich noch die alten Verbindungen, und auch die Dekkanis würden manchmal lieber ihren Nizam wiederhaben. Aber gerade aus Hyderabad sind derartig viele Intellektuelle ausgewandert, dass Chicago jetzt fast als „Klein-Hyderabad" gilt. Das ist beunruhigend.

Muss man daraus nicht den Schluss ziehen, dass es – auch im Hinblick auf den Nahen Osten – unheilvoll ist, einen Staat auf einer religiösen Idee zu begründen?

▪ Da muss man die ganze indo-islamische Geschichte betrachten. In einer Zeit, als die Briten nicht sehr christlich mit den Indern – Hindus wie Muslimen – umgingen und sich die Spannungen seit der Mutiny, seit 1857, stetig verschärften, war eine Zwei-Staaten-Lösung für viele einfach die Ultima Ratio. Sie wussten nicht, wie sie sonst als Muslime leben sollten.

Natürlich hatte weder Iqbâl noch jemand anders vorausgesehen, dass die Teilung ein solches Blutvergießen verursachen würde. Die Pakistaner der älteren Generation sagten mir immer, sie hätten gedacht, dass Pakistan und Indien gewissermaßen als Brüderstaaten zusammenleben können. Ein Freund, der sehr aktiv in der Pakistanbewegung war, sagte mir, er habe gehofft, dass Pakistan und Indien in guter Nachbarschaft wie Deutschland und Österreich leben würden, dass die Menschen ganz einfach die Grenze überqueren könnten, dass es keine Feindschaft, sondern nur eine andere Regierungsform gäbe. Ich glaube, dass sehr viele so dachten.

Es ist doch auffällig, dass überall im Nahen Osten, wo sich Staaten religiös definieren, wie in Iran, im Sudan oder in Pakistan, die Anfänge gar nicht fundamentalistisch waren. Im Gegenteil, Jinnah war ja kein wirklich frommer Mensch. Aber auch dort war die Staatsidee eine religiöse. Auch Israel definiert sich durch die Religion. Und in all diesen Staaten ist es zu Unruhen und Blutvergießen gekommen. Auch das Zusammenleben zwischen Juden und Muslimen in Israel ist hochproblematisch.

▪ 1300 Jahre haben Juden und Muslimen relativ friedlich zusammengelebt, wurden beide nur von den Kreuzfahrern umgebracht.

Muss man daraus nicht die Konsequenz ziehen, dass die Idee, ein Gemeinwesen durch die Religion zu begründen, nicht funktioniert?

▪ So wie es jetzt aussieht, funktioniert sie sehr schlecht. Diejenigen Muslime, die sich auf Medina und die ersten islamischen Staaten berufen, verkennen, dass diese ganz anders geformt waren. Ich weiß es nicht. Ich sage immer, dass ich nichts von Politik verstehe. Im Moment sieht es nicht aus, als ob es eine sehr gute Idee wäre. Ich liebe mein Pakistan trotz alledem.

Und was die Korruption angeht: Es gab sie auch schon vor der Staatsgründung, das erwähnte Sindhi-Buch von Pîr Ali Mohammed Rashdi zeigt dies deutlich. Wenn es darum ging, die Briten milde zu stimmen oder für eine Sache einzunehmen, gab es nicht nur ehrliche Verhandlungen.

Teile Pakistans nähern sich gegenwärtig einem Zustand, wo es selbst Korruption eigentlich nicht mehr gibt, da der Staat seine Aufgaben gar nicht mehr erfüllen kann, die es mal zu erkaufen galt.

▪ Karatschi, um darauf zurückzukommen, ist eine ganz schlimme Sache. Mit der Ermordung von Hakim Mohammed Said 1997 verschwand wiederum eine der wenigen Säulen der Gesellschaft. Er war ein wunderbarer Mensch, ein muslimischer Idealist. Was er für die Armen durch seine Hamdard-Arzneifirmen und sein Krankenhaus tat, war unglaublich. Im Grunde gab es niemanden, der ihn hasste, er war hoch angesehen. Allerdings hatte er sich kurz zuvor in einer Rede mit den Drogenbossen angelegt. Als er am Samstag vom Morgengebet zu seiner Klinik ging, hat ihn einer erschossen und seinen Mitstreiter auch. Das war ein großer Schock für uns alle.

Die orientalische Poesie und Probleme
ihrer Übersetzbarkeit

Von Friedrich Rückert stammt das Motto „Weltpoesie ist Weltversöhnung". Viele finden dieses Motto heute weltfremd. Worin liegt eigentlich der versöhnende Wert der Poesie?

Ich glaube, dass Herder durchaus Recht hat, wenn er sagt, dass wir „aus der Poesie die Geschichte der Menschheit viel besser kennen lernen als aus dem trostlosen Wege der politischen und Kriegsgeschichte". Denn die Poesie ist, wie Rückert sehr schön sagt,

> „in allen ihren Zungen
> dem Geweihten *eine* Sprache nur."

In allen Teilen der Welt schreiben die Menschen ihre Gedichte aus bestimmten Gefühlen, aus Liebe, Trauer, Schmerz oder auch aus revolutionären Gründen. Wenn man ein gutes klassisches Gedicht, ganz gleich welcher Sprache, liest, bekommt man ein viel besseres Gefühl für den kulturellen Umkreis, für das Umfeld, aus dem das Gedicht geboren ist.

Das dichterische Wort prägt sich zudem stärker ein als die Prosa. Wir wissen aus eigener Erfahrung, dass man sich Texte, die Rhythmus oder Reim haben, viel leichter merkt als Prosa-Stücke. Die Generation meiner Eltern und Großeltern erhielt durch das beständige Auswendiglernen von Gedichten einen ungeheuren Schatz an Weisheit. Das Auswendiglernen halte ich für außerordentlich wichtig, weil es uns die Sprache näher bringt. Für mich ist die Sprache das Instrument, das man richtig und gut spielen können muss. Die Poesie scheint da der schönste Ausdruck zu sein.

Mir ist es dabei gleich, ob es sich um ein englisches Gedicht, ein Sanskrit-Gedicht oder um eines aus dem klassischen Arabisch handelt. Die Bilder, die Umgebung sind natürlich für uns meist fremd. Doch wenn wir die Texte gründlich lesen, lernen wir viel über das geistige und materielle Umfeld der Dichter – mehr als aus einem Buch in trockener Prosa und mit vielen Anmerkungen. Rückert prägte ja das schöne Wort:

> „Du aber suche fein die Geister zu belauschen,
> wenn, wandelnd unsichtbar, sie Wortgewande
> tauschen.“

Das ist für mich die schönste Beschreibung der Übersetzungstechnik: Der Geist ist einer, aber er zeigt sich in verschiedenen Gewändern. Wenn wir vom Übersetzen sprechen, sage ich immer, dass man auf das Gewand Rücksicht nehmen muss. Ich kann ein Gedicht, das in einem persischen Prunkgewand dahergeht, nicht in ein Flitterhemdchen stecken. Genauso wenig kann ich – das ist mir natürlich immer besonders wichtig – die Gedichte, die einen wunderbaren mystischen Ton und ein wallendes Gewand haben, nicht in Popliteratur übertragen. Wenn ich übersetze, muss ich auch der Form treu bleiben, soweit das in einer anderen Sprache möglich ist.

Hier liegt ein großes Problem der Übersetzung unserer Zeit: Viele wollen sich nicht mehr die Mühe machen, die kostbaren älteren Gewänder der Poesie genauer zu betrachten; alles muss kurz und bündig sein, angeblich zeitgemäß. Ich würde niemals Rumi in irgendwelche moderne Formen umsetzen. Wenn jemand moderne Gedichte „im Geiste von Rumi" oder „von Rumi inspiriert" schreibt, habe ich natürlich nichts dagegen.

Aber das Problem ist doch auch hier, dass Sprachen einem ständigen Veränderungsprozess unterliegen. Bestimmte Ausdrucksformen, die die Sprache vor 200 Jahren bereitstellte, sind heute verschwunden. Dafür entstehen neue Ausdrucksformen. Die Koranübersetzung von Rückert, vor allem die letzten Suren, bewegen uns ja auch deshalb so sehr, weil man das Gefühl hat, man könne das heute nicht mehr in solche Worte fassen, wie Rückert es tat, beispielsweise in den Schwursuren. Die Schwierigkeit besteht unter anderem darin, ein mystisches, altertümliches oder hochsprachliches

Gedicht zu einer Zeit zu übersetzen, in der die eigene Sprache diese Sprachebenen kaum noch zur Verfügung stellt.

■ Ich denke, es gibt genug Sprachebenen, deren man sich heute bedienen kann, und moderne Schriftsteller benutzen sie auch. Natürlich haben wir andere Ausdrucksformen, aber das Gefühl des Originals muss doch auch in unserer Form ausgedrückt werden. Man kann nicht auf eine entsetzlich prosaische Ausdrucksweise zurückgreifen, wenn man ein großes Gedicht aus einer anderen Kultur übersetzt. Das orientalische Gedicht muss auch seinen eigenen Charakter bewahren. Goethe sagte, dass es das Wort, die Sprache an sich ist, die das persische Gedicht so unverwechselbar mache.

Ich hatte ähnliche Probleme mit den sogenannten *metaphysical poets,* vor allem mit John Donne. Da gibt es so viele verschiedene Übersetzungen, und doch ist jede in ihrer Art richtig. John Donne gehört immerhin zum europäischen Kulturkreis und ist frühes 17. Jahrhundert – wenn es da schon viele verschiedene Möglichkeiten gibt, so gilt das natürlich sehr viel mehr für die orientalische Poesie.

Trotzdem glaube ich, dass man die Wort- und Satzebenen nicht so radikal verändern kann, wie das heute üblich ist. Zu einem orientalischen Gedicht gehört einfach das Wortspiel. Ich mag die heutigen Nachdichtungen nicht, wo die Übersetzer keine Ahnung von all den Schwierigkeiten mit *tadschnîs* und Wortspielen haben. Das orientalische Gedicht muss auch seinen eigenen Charakter behalten.

Sie wissen selbst, was bei den Hafis-Übersetzungen seit Hammer-Purgstall für entsetzliche Sachen herausgekommen sind. Nachdem ich in einer amerikanischen Hafis-Übersetzung den *sâqi* („Schenken") in der ersten Zeile des Divans als „barmaid" fand, wurde ich noch ärgerlicher über moderne Verfremdungen.

In Harvard war es zunächst meine Aufgabe, englische bzw. amerikanische Nachdichtungen der Urdu-Gedichte von Mîr (gest. 1810) und Ghâlib (gest. 1869) zu publizieren. Wir erhielten das Geld dafür von einem Afghanen, der sich vorgenommen hatte, Mîr und Ghâlib in englische Verse à la Fitzgeralds Ruba'i-yat-Übersetzung übertragen zu lassen.

Nun ist Ghâlib einer der schwierigsten Dichter, die man überhaupt übersetzen kann; da ist Châqâni noch beinahe leicht dagegen. Was hatte man gemacht? Zunächst hat man eine Prosaübersetzung von einem Urdu sprechenden Ingenieur, der nichts von Poesie verstand, anfertigen lassen. Er hat die Urdu-Verse sogar zum Teil falsch übersetzt. Diese Rohübersetzung, die weiß Gott *roh* war, schickten sie mehreren amerikanischen Dichtern zu, die daraus irgendetwas Lyrisches produzieren sollten. Das Ergebnis waren nette amerikanische Verse, aber dass ein Hauch von Ghâlibs Eleganz und Verfeinerung in ihnen war, kann ich nicht behaupten.

Wie halten Sie es mit dem Reim?

▪ Es mag altmodisch sein, aber ich halte an der Theorie fest, dass man möglichst nahe am Original bleiben soll. Früher habe ich auch gereimt, was mir großen Spaß machte. Ich hätte gerne mal mit Rückert gespielt, dass wir uns gegenseitig Reime an den Kopf geworfen hätten. Bei mir reimt sich alles, wenn's sein muss.

Später wurde es mir dann wichtiger, den Rhythmus zu halten. Der Rhythmus ist die Seele des Gedichtes, viel mehr als der Reim. Dabei komme ich immer wieder auf Rückert zurück: Es ist fantastisch, was er auf diesem Gebiet geleistet hat.

In Bangladesch, damals noch Ost-Pakistan, hielt ich einmal meinen Vortrag über Rückert. Ich erwähnte dabei seine Übersetzungen aus dem Sanskrit. Im *Gitagovinda,* das ich sehr liebe, gibt es diesen herrlichen Vers

> „Unter dem Duftstrauch
> an Yamunās Lufthauch,
> harret der Hainbekränzte."

Ich zitierte dies, obwohl die Zuhörerschaft bis auf den Goethe-Instituts-Leiter nicht deutschsprachig war. Sofort stand ein Bengale auf und rezitierte den Sanskrittext dieser Stelle, den ich mir zufällig abgeschrieben hatte. Er hatte aus dem Rhythmus erkannt, woher das stammt!

Das ist das Großartige bei Rückert oder jedem guten Übersetzer, dass man durch die Übersetzung ein Gefühl für die Schönheit der Sprache des Originals bekommt.

Schwierig ist die Übersetzung der späteren persischen und indo-persischen Poesie, da sie unendlich viele Wiederholungen aufweist. Da sucht man krampfhaft nach ausgefallenen Reimen, und es ist manchmal sehr schwer, den europäischen Lesern klar zu machen, dass der Dichter z. B. seine Leber zu kleinen Stückchen macht, die er möglichst an Rosenbüschen aufspießt, um seinen Kummer auszudrücken.

Doch bei der klassischen persischen Poesie können die Bilder zwar fremd für uns sein, aber sie sind so schön und poetisch, dass man sie westlichen Lesern durchaus anbieten kann. Ich habe gerade für mein Paradiesgärtchen-Buch einige Sachen von Farruchî übersetzt, und ich muss sagen, dieser Mann, der 1037 im heutigen Afghanistan gestorben ist, hat eine so zauberhafte Lyrik und Panegyrik geschrieben, dass man sie ohne jede Umstellung auch den deutschen Lesern zumuten kann. Wenn ich aber Sâ'ib oder gar Bedil übersetzen muss, brauche ich selbst als ziemliche Kennerin der persischen Poesie ein Wörterbuch, und ich muss etwa hundert Ghaselen lesen, bis ich eine Zeile finde, die auch in einer fremden Sprache, im Deutschen oder Englischen, einen vernünftigen Sinn ergibt.

Ist nicht ein generelles Übersetzungsproblem der klassischen arabischen und persischen Poesie die Konventionalität? Die Dichter haben nicht unser heutiges nachgoethisches Gefühl.

■ Unsere Gefühlslyrik und Erlebnisdichtung, die es praktisch erst seit Klopstock gibt, wird man im Orient vergeblich suchen. Deswegen ist es eigentlich legitim, wenn man den Vergleich zwischen der persischen Dichtung und den *metaphysical poets* in England zieht. Es ist viel leichter, John Donne ins Persische zu übersetzen – in das Persisch von Sâ'ib oder Kalim –, als in vernünftiges Deutsch. Die ganze Struktur des Verses, die Erfahrung, dass man Erlebnisse nicht direkt aussagt, sondern in einer konventionellen Form, die sich nur dadurch unterscheidet, dass man eine kleine Biegung in einem Vers macht, dass man ein bestimmtes Wort durch ein anderes ersetzt, dass man den Reim noch raffinierter formt – darin liegt ja die Schönheit eines großen Teils der persischen, arabischen und türkischen Poesie.

Die arabische mittelalterliche Poesie nach 1200 habe ich weniger studiert. In der mystischen Tradition sind die Araber sehr viel besser in Prosa als in Poesie. Aber im Türkischen ist es ein wahres Vergnügen zu sehen, wie sie mit den drei Sprachen, die ihnen zur Verfügung standen – Arabisch, Persisch, Türkisch – spielen und so viele doppelsinnige Ausdrücke gewissermaßen herbeizaubern. Ich finde das hinreißend.

Die Umstellung auf lateinische Buchstaben hat hier viel verändert. Ich diskutiere oft mit modernen Türken, die für die *divan edebiyati* kaum ein Gefühl haben, weil sie die Schrift nicht mehr kennen, da Atatürk die arabische Schrift 1928 durch die Lateinschrift ersetzte. Vieles in dieser Poesie beruht schließlich auf Schriftspielen, nicht nur auf Wortspielen.

Interessant ist, dass auch in der Derwisch-Poesie, die ich aus der Türkei und aus Sindh gut kenne, nach ein, zwei Generationen jeweils Klischees entstehen, die dann nur mehr leicht abgewandelt werden. Denn auch die Derwisch-Poesie ist vielfach nicht so spontan, wie wir es erwarten würden. Wenn ein Derwischpoet des 19. oder 20. Jahrhunderts seine Gedanken ausspricht, gebraucht er im Grunde dieselbe Form wie seine Vorgänger im 15. oder 17. Jahrhundert, und es ist nichts durchgreifend Neues. Große Dichter wie Nazim Hikmet und Orhan Veli, die plötzlich ganz anders schrieben, brachten die türkische Poesie deswegen einen gewaltigen Schritt nach vorn. Trotzdem waren sie nicht von ihren Wurzeln entfernt. Die größten türkischen Lyriker des 20. Jahrhunderts verwendeten moderne Formen, verleugneten jedoch ihre anatolischen oder ihre Istanbuler Wurzeln nicht. Wenn ich da an Cahit Külebis Sivas-Gedicht denke, an Ahmet Hamdi Tanpinar, der in seinem Bursa-Gedicht den türkisenen Glanz dieser alten Sultans-Stadt einfängt, oder gar die Istanbul gewidmeten Gedichte, dann spüre ich immer wieder den Zauber des Landes.

In gewisser Weise gehört auch Orhan Pamuk dorthin. Er ist modern, aber er kennt seine Wurzeln, so empfinde ich das.

Orhan Pamuks Bücher sind von den deutschen Feuilletons begeistert aufgenommen worden, besonders sein letztes, Rot ist mein Name. *In einigen Kritiken hieß es fast ein wenig hochmütig: Jetzt kommt die Türkei in Europa an – als wäre dieses das Qualitätsmerkmal eines türkischen Romans, dass er sozusagen europäisch sei! Während dieser Roman ja, und Pamuk als Autor in vielfacher Weise spezifisch türkische Themen erzählen, und auf eine Weise, die viele Elemente der türkischen und orientalischen Literaturgeschichte aufnimmt. Es ist europäisch, und es ist orientalisch, darin liegt kein Widerspruch.*

Ja, natürlich. Auch in *Die weiße Festung* und *Das schwarze Buch* sind die Themen sehr türkisch. Als ich *Das schwarze Buch* las, dachte ich, ich führe selber durch die Türkei, so wunderbar war das erzählt. Ich möchte eigentlich einen kleinen Aufsatz über Pamuks *Rot ist mein Name* schreiben, weil er eine so erstaunliche Kenntnis der islamischen Miniaturmalerei und überhaupt der islamischen Kunst hat. Das Buch ist nicht nur ein wunderbarer Krimi und ein zauberhafter Liebesroman, sondern besticht durch seine enorm solide Kenntnis der islamischen Kultur.

Kommen wir noch einmal auf die Poesie zurück. Ist es in Bezug auf die Konventionalität nicht so, dass man, um sie deutschen Lesern verständlich zu machen, erst eine enorme Arbeit leisten muss, um den Verständnishintergrund zu schaffen?

■ Das genau war der Fall bei meinem Lehrstuhl in Harvard. Das Geld war für die Übersetzung der beiden Urdu-Dichter gestiftet worden. Harvard sagte mit Recht, dass man so etwas nicht isoliert betreiben könne. So gründeten wir den Lehrstuhl für Indo-Muslim Culture. Ich hatte als erste Besitzerin des Lehrstuhls die Aufgabe, bei den Studenten erst einmal Verständnis und Hintergrundwissen für die indo-persische und die Urdu-Kultur zu schaffen.

Sie sprechen oft vom „Genießen" der altarabischen oder persischen Poesie. Sie haben in die Orientalistik überhaupt erst eingebracht, dass man diese Gedichte auch genießen kann. Wenn man dagegen an Nöldekes Behandlung der arabischen Poesie denkt ... Diese frühen Orientalisten fühlten sich als Pioniere in einem unwegsamen Gelände, das sie keinem nahelegen wollten – aber einer muss da eben durch, und sei es, um allen anderen zu sagen, dass die Mühe sich nicht lohnt. Da sich kein anderer anbietet, tun sie es halt, mit der Geste dessen, der sich aufopfert.

■ Ich muss immer an die Kommentare von August Fischer zur modernen türkischen Lyrik denken, von der er nicht viel verstand. Einmal taucht darin die Zeile auf: „Die Rose des Winters zittert auf den Zweigen." In der Fußnote hieß es dann: „Gemeint ist natürlich der Schnee." Auch andere sehr verehrte Kollegen, die Arabisch und Persisch sehr viel besser können als ich, haben solche wundervollen Fußnoten.

Rührt nicht ein Teil des Widerstands oder der Pikiertheit bei Kollegen Ihrer Generation daher, dass Sie die orientalische Poesie und die orientalische Kultur nicht nur als ein Feld für archäologisches Interesse gezeigt haben? Sie haben die Texte nicht nur als Objekt gesehen, sondern haben Sie aus ureigenstem Interesse studiert, weil sie uns etwas zu sagen haben ...

■ Ja, weil sie uns etwas von der Schönheit und den Schwierigkeiten des Lebens im Orient zeigen. Wenn man die Klagelieder von al-Chansâ' auf ihren Bruder aus der Zeit bald nach 600 AD liest und dann ein Klagelied von unserer Zeitgenossin Fadwa Tuqan auf ihren Bruder, dann sieht man, wie die Tradition weitergeht und wie sich dieses Gefühl durch die Jahrhunderte gehalten hat. Oder wenn ich ein Gedicht von Sanaubari oder Kuschâdschim über die Blumen lese und dann sehe, was ein englischer oder deutscher Dichter des 18. Jahrhunderts über seinen Garten gesagt hat, dann habe ich dasselbe Gefühl, und ich finde es wichtig, dass man diese Dinge betont. Natürlich ist es schwierig, die *Hamâsa* zu übersetzen und, ehrlich gesagt auch, sie zu genießen, aber es ist doch der Mühe wert.

Noch einmal zum Problem der Übersetzbarkeit: In gewisser Weise kann man Ihre Tätigkeit als ein „Übersetzen" schlechthin bezeichnen.

■ Das Übersetzen ist tatsächlich wie das *Über*setzen mit dem Schiff von einem Ufer zum anderen. Ich gebrauche oft das Bild von der Brücke. Als Übersetzer gehört man zu beiden Ufern und versucht, eine Verbindung aufzubauen; das ist wohl der ursprüngliche Sinn von Übersetzen. Oder „die Geister zu belauschen, wie, wandelnd unsichtbar, sie Wortgewande tauschen". Es ist immer der Versuch, eine Verbindung zu finden, die beiden Seiten ihre Rechte lässt, die aber das Gemeinsame zu zeigen versucht.

Glauben Sie heute, nach immerhin 65 Jahren des Übersetzens im direkten wie im übertragenen Sinne und auch in der Kenntnis all der Schwierigkeiten – und der Unmöglichkeit zuweilen –, an das grundsätzliche Gelingen von Übersetzung?

■ Ich glaube daran: Das Übersetzen kann gelingen – vorausgesetzt, man hat eine innere Beziehung zu dem Gedicht. Man kann natürlich nicht erwarten, dass es immer gelingt. Wenn man über einen Fluss rudert, kann das Boot kentern, gegen Steine treiben oder angegriffen werden. Man muss es immer wieder versuchen. Wie will man sonst den anderen Teil der Welt verstehen? Man kann doch nicht seine eigenen Gedanken und Ideale über alles hinüberstülpen und sagen, das, was ich sage, ist richtig. Man muss genau hinhören auf das, was der andere zu sagen hat und versuchen, das in unser Weltbild, in unsere Sprache zu übersetzen. Das kann nur in Idealfällen verwirklicht werden, aber man darf nicht aufgeben, es zu versuchen. Vielleicht ist das Übersetzen eine Sisyphusarbeit, aber es ist auch eine Arbeit der Liebe. Wenn man die andere Seite kennt und in ihr Dinge findet, die man liebt, ist man auch im Stande, sie in das eigene Weltbild hinein zu übersetzen. Und das halte ich für meine wichtigste Aufgabe.

Friedrich Rückert

Friedrich Rückert haben wir schon ein paar Mal gestreift. Was ist für Sie das Besondere an seiner Übersetzungskunst?

Das Besondere an Rückert ist, dass er die Sprachen wirklich konnte – obgleich er nie einen Orientalen gesehen hatte. Wenn ich einen Vortrag über Rückert in der islamischen Welt halte, meinen die Zuhörer immer, dass Rückert lange im Orient gelebt haben müsse. Wenn ich dann sage, dass er nie einen Araber, Türken oder Perser zu Gesicht bekommen hat, können sie es nicht glauben.

Rückert ist einfach ein Phänomen. In der Schule lernten wir seine Kindergedichte und -lieder sowie die Volkslieder wie „Roland der Riese am Rathaus zu Bremen", doch wir haben nie darüber nachgedacht, wer dieser Mann war. Als ich größer war, las ich Auszüge aus dem *Liebesfrühling:*

> „Er ist gekommen in Sturm und Regen,
> er hat genommen mein Herz verwegen",

und Ähnliches.

Als ich in einem alten Lesebuch meines Vaters einige Ghaselen von Dschalâl ad-Dîn Rumi in der Übersetzung von Rückert entdeckte, war es ebenfalls um mich geschehen. Ich fand sie wunderbar, auch diejenigen, die nicht unmittelbar von Rumi stammen, sondern von Rückert nachempfunden waren. Ich weiß gar nicht, wann ich meine große Liebe zu Rumi entdeckte. Es muss über die Rumi-Ghaselen gewesen sein. Dann habe ich die Maqamen des Hariri gründlicher gelesen. Von dieser Wortkunst war ich absolut hingerissen, vor allen Dingen in der *Tibriziya,* diesem Streitgespräch zwischen Ehemann und Ehefrau, wo man alle Vergleiche der arabischen Sprache lernt. Die hat mir besonders gefallen. Und natürlich der „Schulmeister von Hims". Wir zitierten immer das von Rückert erfundene Verschen aus dieser Maqame: „Du gehörst zu den Philologen, die da heißen, weil viele logen" – das lässt sich auch sehr gut auf einige unserer Kollegen anwenden.

In meinen Marburger Jahren nach dem Krieg hatten wir das große Glück, dass die Berliner Staatsbibliotheksbestände teilweise in Marburg ausgelagert waren. Ich hatte die ganze traditionelle Orientalistik und deutsche Literatur an meinen Fingerspitzen! Ich habe da unendlich viel abgeschrieben. Ich habe jetzt noch diese Zettel, die man irgendwo aus alten Büchern herausriss, weil es ja kein Papier gab. Wir hatten auch keine Tinte, es ist alles mit Bleistift geschrieben wie bei Rückert. Da werden die Verwalter meines Nachlasses noch ganz schöne Arbeit haben, das alles durchzusehen. Ich schrieb damals auch ein dickes Manuskript, das nie veröffentlicht wurde, obgleich es gar nicht schlecht ist.

Worüber ging es?

■ Über die orientalisierenden Strömungen in der deutschen Literatur vom Mittelalter bis zu Hermann Hesse. Das war in den späten vierziger Jahren, lange bevor Sigrid Hunke 1960 ihr *Allahs Sonne über dem Abendland* veröffentlichte.

Damals machte ich mir den Spaß, Rückerts Rumi-Übersetzungen bzw. Nachdichtungen mit den Nachdichtungen in Hammer-Purgstalls *Geschichte der schönen Redekünste Persiens* zu vergleichen und gleichzeitig mit dem Original. Das Ergebnis war erstaunlich. Hammer-Purgstall gab immer die erste Zeile eines Gedichtes auf Persisch in Umschrift, und Rückert hat genial aus dieser Umschrift den Rhythmus des Gedichtes erfühlt oder verstanden und seine Nachdichtungen entsprechend diesem Rhythmus geschaffen. Das ist außerordentlich interessant.

Bei Rumi kam er mit Hilfe dieser kleinen Spur in der *Geschichte der schönen Redekünste Persiens* auf eine dem Original sehr nahe Metrik. Die Bilder entnahm er in den ersten Zeilen aus Hammer-Purgstall, der

Rest ist seine eigene Erfindung – die aber in einer unglaublichen Nähe zum persischen Original steht, das er zum großen Teil nie gelesen hat.

Rückert liebte es, orientalische Rhythmen nachzubilden. *Tawîl* ist zum Beispiel bei arabischen Gedichten sehr leicht im Deutschen nachzuahmen.

Von Jahr zu Jahr kaufte ich mir neue Rückert-Werke und erkannte, was für eine wunderbare Arbeit er geleistet hat. In Bonn las ich später mit meinen Studenten einige der *Maqâmât* im arabischen Original. Wir verglichen sie dann mit der Rückertschen Übersetzung, und es war wirklich fantastisch: Die deutschen Makamen sind zum Teil noch kunstvoller und reizvoller als die arabischen.

Was ich besonders bei Rückerts Übersetzung der *Maqâmât* bewundere, ist, dass er auch islamkundliche Termini in einer Weise überträgt, die im Deutschen ebensoviel Sinn ergibt wie im Arabischen. Mein Lieblingsbeispiel bei Vorträgen ist:

„Ist ein Gelddieb, wer eine Katze stahl?"
„Ja, eine gespickte zumal."

Im Arabischen ist *hirra* „Katze" und *surra* „Geldbeutel", und wir kennen ja den Begriff „Geldkatze" ebenfalls. So bleibt das Wortspiel erhalten; die Araber finden es einfach wundervoll, wie er so etwas erfunden hat im Einklang mit der arabischen Formulierung.

Dann las ich auch Rückerts Hafis-, Dschami- und Firdosi-Übersetzungen. Schaeder sagte immer, dass er die Rückertsche Firdosi-Übersetzung für viel getreuer und echter halte als die Schacksche; Schack sei einfach zu glatt. Auch die freie Nachdichtung von *Rostam und Sohrab,* die Rückert als sein Meisterwerk ansah, finde ich sehr gut.

Rückert studierte ja eine unglaubliche Vielfalt an Sprachen. Wie hat er das eigentlich gemacht, dass er Dichtung aus so schwierigen Sprachen wie Sanskrit, Persisch und Arabisch mit einer sehr verfeinerten Poesie übersetzte, wie es keiner hätte besser machen können?

▪ Rückert hat selbst beschrieben, wie er Sprachen gelernt hat. Sechs Wochen lebte er jeweils nur in dieser einen Sprache. Vom Tamil wissen wir, wie er sich mit Hilfe einer Bibelübersetzung, vom Wort „Gott" ausgehend, langsam durchgekämpft hat, bis er die Sprache konnte. Ich begreife auch nicht, wie man gerade bei einer Sprache wie Tamil so etwas fertig bringen kann. Bei Persisch wäre es einfacher gewesen, weil die Syntax der unseren recht ähnlich ist. Aber bei den südindischen Sprachen ist es mir ein völliges Rätsel. Bei den großen Sprachen Sanskrit oder Arabisch gab es zumindest Grammatiken. Die Wörterbücher schrieb er zum großen Teil selbst ab, da er sie sich nicht kaufen konnte, und trug dann seine eigenen Lesefrüchte darin ein.

Was mich bei ihm fasziniert, ist nicht nur seine Genialität im Übersetzen, sondern auch sein ungeheurer Fleiß. Er übersetzte und schrieb wirklich von morgens bis abends Gedichte, und außerdem hatte er immerhin noch zehn Kinder, um die er sich auch kümmern musste. Er muss sie sehr geliebt haben, wie man aus den „Kindertotenliedern" sieht. Es gibt ja nur fünf oder sechs „Kindertotenlieder", die durch Mahlers Vertonungen bekannt wurden. Aber die Sammlung umfasst mehr als 500 Gedichte. Darunter sind so herrliche Gedichte, dass ich sie immer wieder mit Bewunderung lese. In ihnen liegt so viel Zärtlichkeit und eine geradezu mystische Tiefe. Auch seine Liebesgedichte schätze ich sehr. Rückert hat Recht, wenn er sagt:

> „Was mir nicht gesungen ist,
> ist mir nicht gelebet."

oder:

> „Die Welt ist mir nichts mehr
> als Stoff der Poesie."

Es ist, als ob er in einem großen Meer geschwommen wäre, und was von rechts und links kam, hat er dann sich anverwandelt. Dadurch hat er diese ungeheure Fruchtbarkeit erlangt. Seine Arbeit hat ihn wirklich Tag und Nacht beschäftigt, wie wir aus kleinen Bemerkungen sehen:

„Doch als ich sprach im Traum sanskritisch
mit Brahma von Mysterien,
auf gab ich's plötzlich bei so kritisch
gewordenen Kriterien."

Es gibt zwei deutschsprachige Autoren, die kurze, aber bis heute gültige Essays über die Übersetzbarkeit schrieben, nämlich Goethe und Walter Benjamin. Goethes Äußerungen zum Islam, sein Verständnis, das er hatte, scheinen von der heutigen intellektuellen Elite kaum noch eingeholt zu werden. Das spirituelle Verständnis der islamischen Kultur und speziell der Poesie, das es im 18. und 19. Jahrhundert gab, scheint in Deutschland verloren gegangen zu sein. Die persische Poesie war damals Teil eines hiesigen Kanons, den man zitieren konnte.

▪ Es ist wirklich immer wieder erstaunlich, wenn ich sehe, wie gut Rückert die persische und arabische Poesie charakterisiert hat. Auch Herder legt in seinen *Ideen zur Philosophie der Geschichte der Menschheit* bereits treffende Urteile über die arabische und persische Poesie vor, die damals gerade erst in Europa bekannt zu werden begann. Man sollte viel mehr auf Herders Ideen zurückgreifen – er hat eine Einsicht gehabt wie nur wenige Philosophen.

Goethe hat das mit der Sensibilität eines Dichters weitergeführt. Es ist erstaunlich, dass beispielsweise „Mahomets Gesang", den er als 25-Jähriger als Bruchstück eines geplanten Mahomet-Dramas schrieb, nach Iqbâls Aussage in der „Botschaft des Ostens" die schönste Art sei, wie der Prophet je beschrieben wurde.

Denn bereits im 10. Jahrhundert verwendete der schiitische Theologe Kulaini den Vergleich des Propheten mit einem Strom. Goethe hat das intuitiv gespürt. Es war bei ihm nicht so sehr das intellektuelle Verstehen, mehr das intuitive. Als Dichter und Denker hatte er einen unmittelbareren Zugang zu den Quellen, die hinter den zum Teil sehr schlechten Übersetzungen lagen. Wenn man die Hafis-Übersetzung von Hammer-Purgstall liest, muss man sich wirklich wundern, wie Goethe daraus das Genie des persischen Dichters erkannt hat.

Bei Hammer, den ich trotz allem verehre, kommt dazu, dass er sehr schlecht bzw. überhaupt nicht Korrektur las. Vieles, was ihm in seinen Übersetzungen als Fehler angekreidet wurde, sind einfach Druckfehler; ich habe einmal eine Liste dieser „Fehler" aus dem Divan von Hafis zusammengestellt. Man muss Hammer als großes Verdienst anrechnen, dass er in seiner *Geschichte der schönen Redekünste Persiens* sehr wichtige Beobachtungen machte, die auch heute noch gültig sind. Was er dort über Rumi oder den Charakter persischer Dichtkunst sagt, ist ausgezeichnet.

Aber nach Goethe kommt dann eben Friedrich Rückert, dessen Übertragungen einfach unschlagbar sind.

Der Koran:
Übersetzungen und Interpretationen

Gilt das, was Sie vorhin über die orientalische Poesie sagten, nämlich dass man zwischen dem inneren Gehalt und dem äußeren Gewand nicht trennen könne, nicht auch für die Bibel- und Koranübersetzung?

■ Das Gewand gehört natürlich dazu. Ich bin eine leidenschaftliche Verteidigerin von Luthers Bibelübersetzung. Mein Paradebeispiel ist immer die Weihnachtsgeschichte; sie zeigt, dass man genau übersetzen kann und es trotzdem schön klingt. Der Satz: „Es waren aber Hirten auf dem Felde, die hüteten des Nachts ihre Herden", ist völlig richtig übersetzt. Wenn ich dann aber lese: „Auf dem Felde waren nachts Hirten, die ihre Herden hüteten", fehlt dieses Gewand.

Für mich ist Luthers Bibelübersetzung immer noch die, zu der ich mich wende, wenn ich den „religiösen" Ton der Bibel erleben will. Moderne Übertragungen lese ich nicht. Sogar im katholischen Gottesdienst bürgerten sich diese schrecklichen modernen Übersetzungen ein. Da höre ich die Messe lieber auf Latein.

Kennen Sie die modernen Jugendbibeln, die es heute gibt?

▦ Oh, da laufe ich weg! Man könnte so viel mehr von anderen Religionen verstehen, wenn man dieses Numinose in den Schriften wiedergeben könnte. Die Luthersche Psalmenübersetzung ist doch herrlich. Meine Generation ist damit noch aufgewachsen: Wir waren zu Hause absolut bibelfest. Meine Mutter, meine Tanten, meine Großmutter, wir konnten stundenlang mit Bibelzitaten um uns werfen. Auch ein Muslim kann bei jeder Gelegenheit ein passendes Koranzitat bringen. So war das bei uns auch.

Problematisch sind auch manche deutschen Koranübersetzungen, die gegenwärtig von Muslimen entstehen, wie die von Ahmed Denffer oder die ganz neue von Amir Zaidan. Zaidan läßt einfach bestimmte Begriffe im Deutschen stehen. Er spricht nicht mehr vom „Gläubigen", sondern vom Mu'min und von Muttaqis. Und der Kâfir ist bei Denffer der „Glaubensverweigerer". Das sind auch Zeichen einer Unsicherheit in der Sprache. Die Autoren möchten natürlich die Botschaft des Korans den deutschen Lesern nahebringen. Doch braucht man zur Übersetzung eine bestimmte spirituelle Dimension der Sprache. Die ist im Deutschen durch das Christentum und speziell durch die lutherische Bibelübertragung besetzt. Was soll jetzt ein Muslim machen, wenn er den Koran auf deutsch lesen oder den Inhalt auf deutsch vermitteln will?

■ Meiner Meinung nach sollte er sich ruhig dieser spirituellen Dimension bedienen. Er braucht ja nicht die Lutherbibel nachzuahmen, aber es gibt bestimmte Begriffe, die auch so in unser Bewusstsein eingedrungen sind. Dabei spielt die Herkunft eines Übersetzers natürlich immer eine Rolle. Ich habe manche gut gemeinten, aber ach so schrecklichen Koranübersetzungen gelesen! Wenn ein Muslim den Koran ins Deutsche oder in eine andere Sprache übersetzt und er kein Kind der Kultur ist, in deren Sprache er ihn übersetzt, ist das eine sehr schwere Aufgabe.

Ich bin immer wieder gefragt worden, ob ich nicht den Koran übersetzen wolle. Doch das traue ich mir nicht zu. Um wirklich so weit wie möglich den Ton zu treffen, müsste ich die gesamten Kommentare gelesen und mein ganzes Leben ausschließlich den Koran studiert haben. Allein vor dem Hintergrund meiner philologischen und islamkundlichen Erfahrungen würde ich es nicht wagen.

Es ist wirklich unglaublich schwer. Rückert sagt in einem Gedichtchen, dass das Evangelium sehr leicht in alle Sprachen zu übersetzen und daher für die Missionsarbeit sehr geeignet sei. Die Schönheit der koranischen Sprache gehe dagegen in einer Übersetzung allzuleicht verloren. Er hielt das – im Gegensatz zu dem, was Muslime glauben – für ein Hindernis für die Verbreitung des Islams.

Es ist ja durchaus eine Schwierigkeit des Islams, dass seine Urquelle so sehr an eine bestimmte Sprache gebunden ist.

▪ Das ist natürlich eine Schwierigkeit. Man sieht, was bei den Kommentaren alles herauskommen kann. Sie haben sicher den alten Kommentar der Ahmadiya-Sekte gelesen – ich habe den von Sadruddin. Er war die erste Koranübersetzung, die ich mir kaufte, als sie Anfang des Zweiten Weltkrieges in Berlin erreichbar war. Ich habe mich immer über die Fußnoten amüsiert.

Die Namliten, Sure 27 ...

▪ Ja, die Namliten kommen ja auch sonst vor. Noch schöner ist Surat at-Takwîr (Sure 81), die ich besonders liebe. Es heißt da bei der Ankündigung des Jüngsten Tages: „*idhā l-wuḥûschu ...* – wenn die wilden Tiere gesammelt werden". Dazu die Fußnote: „Das ist die moderne Zeit, wo die Tiere in Zoos gehalten werden." Gerade Sure 81 haben die Gläubigen der Ahmadiya mit solcher Fantasie übersetzt und kommentiert, dass man wirklich lachen muss – was ja nicht der Zweck bei der Lektüre eines heiligen Buches ist.

Das Problem der Übersetzbarkeit, nicht nur von einem Text, sondern auch von einer Kultur, stellt sich im Islam auf besondere Weise immer an die Kultur selbst – durch den Gegensatz zwischen dem verhältnismäßig kleinen arabischen Zentrum und einer größeren nicht-arabischen Peripherie.

■ Die Koranübersetzungen in die verschiedenen islamischen Sprachen sind in der Tat auch so unterschiedlich, wie sie nur sein können. Nicht nur bei den europäischen Sprachen, selbst bei den Übersetzungen ins Persische, Türkische und Urdu gibt es unendlich viele Varianten. Ich erinnere mich an eine türkische Freundin, die den Koran natürlich fürs Gebet verwendete und auch sonst als Gottes heiliges Wort verehrte. Als sie das erste Mal eine türkische Übersetzung las, sagte sie, dass der Koran im Arabischen viel schöner sei und dass sie die türkische Übersetzung nicht haben wolle. Denn da fehlte das Numinose. Sie verstand zwar den Text, aber er bedeutete ihr nicht viel, verglichen mit der segensvollen Macht des arabischen Wortes. Das war eine hochgebildete junge Frau in Istanbul, und Millionen von Muslimen empfinden wie sie.

Die Übersetzung in die islamischen Sprachen ist insofern leichter, als diese Sprachen vom Arabischen stark beeinflusst sind, gerade was das spezifisch religiöse Vokabular angeht.

■ Die modernen türkischen Übersetzungen verzichten weitgehend auf das religiöse Gefühl. Ich hatte einmal eine ganze Kollektion von türkischen Übersetzungen, und ich fand sie alle nicht sehr befriedigend.

Nun ist es einem sprachunkundigen westlichen Beobachter schwer verständlich zu machen, dass die Muslime so sehr auf der Unübersetzbarkeit des Korans beharren – es rückt Muslime oft in die Nähe der Islamisten, dass sie scheinbar irrational auf dem Original beharren. Gleichzeitig möchte man westlichen Beobachtern an Hand von Übersetzungen zeigen, worin eigentlich die Bedeutung des Korans für Muslime liegt.

▪ Das ist ganz schwierig, wenn nicht unmöglich. Es gibt in der Tat viele andere Ebenen, etwa dass das Numinose da ist und der Klang. Eine schöne Koranrezitation kann auch jemanden begeistern, der kein Wort Arabisch kann. In Ankara hatten wir einen Hafiz – einen, der den gesamten Koran auswendig kann – als Koranrezitationslehrer. Ich nahm gern an seinen Klassen teil, obwohl ich nie *tadschwid*, d. h. die Kunst der Koranrezitation, lernte, da mir das zu schwierig war. Doch es interessierte mich, wie es gemacht wird. Hafiz Sabri intonierte den Koran mit einem starken türkischen Akzent, er sprach das U meist wie ein Ü aus. Als ich ihn fragte, ob es nicht schön wäre, wenn er einmal richtig Arabisch studieren würde, schaute er mich groß an und sagte: „Aber der Koran ist doch nicht Arabisch, das ist doch Gottes Wort!" Das gab mir einen sehr tiefen Einblick in fromme muslimische Seelen. Er war durchaus nicht ungebildet, ein Regierungsdirektor im Innenministerium, aber dass man Gottes Wort mit Hilfe der Grammatik erklären könne, schien ihm völlig absurd.

Besteht da nicht die Gefahr einer Ikonisierung des Korans? Wenn man die alten Theologen und Historiker liest, die sich mit der Sprache des Korans beschäftigten, behandelten die den Koran als einen Text in wunderbarer, göttlicher, aber doch in arabischer Sprache, an den die gleichen Normen, Regeln und Standards zu setzen waren. Bei Dschurdschani zum Beispiel werden Poesie und Koran in einem Atemzug genannt. Heute dagegen kritisieren Gelehrte wie Ihr Freund Abu Zaid, der Koran sei der arabischen Sprache beinahe enthoben.

▪ Ja, er ist gewissermaßen eine Ikone.

Früher gab es eine größere Freiheit der Behandlung, des Studiums des Korans. Wenn man heutige arabische Autoren liest, die über den Koran schreiben, fehlt ihnen diese Art von Sensibilität, die einen Baqillani, einen Dschurdschani, einen Razi oder Zamachschari auszeichnen. Welcher moderne arabische Autor kommt denn an diese Art von Genauigkeit heran? Vielleicht hat das auch damit zu tun, dass man sich gar nicht daran wagt?

■ Das ist gut möglich. Wir haben es 1995 bei Abu Zaid gesehen, welch üble Folgen es haben kann, wenn man sich daran wagt! Diese Veränderungen sind praktisch vergleichbar mit dem Verbot der Darstellung des Propheten: Auch diese war im Mittelalter durchaus möglich. Es passierte nicht häufig, dass er z. B. in Geschichtswerken abgebildet wurde, aber man konnte das tun, ohne als Ungläubiger verketzert zu werden. Je näher wir der Neuzeit kommen, desto strenger wird das Verbot.

Auch der Koran ist gewissermaßen eine Ikone geworden. Das ist ja das Großartige bei Iqbâl, dass er sagt: Man muss den Koran hören, als werde er in diesem Augenblick für einen selbst offenbart – was auch die islamischen Mystiker im Mittelalter sagen. Im *Dschâvîd-nâme* hat Iqbâl auf diesen dynamischen Charakter des Korans hingewiesen. Er konnte selbst sehr gut Arabisch und hat seine eigenen Interpretationen zugrunde gelegt. Er erwies den Muslimen damit einen außerordentlichen Dienst. Es ist aber leider typisch, dass Iqbâl in Saudi-Arabien nicht gelesen wird. Sie lehnen ihn ab, er ist ihnen zu dynamisch.

Was verstehen Sie in diesem Zusammenhang unter dynamisch?

■ Dass Iqbâl den Koran nicht als eine Ikone nimmt, sondern als etwas Lebendiges. Wie das Wasser eines Ozeans, aus dem man trinkt, immer verschieden schmeckt, weil man es aus einem anderen Glas trinkt oder es eine andere Farbe hat. Iqbâl erkennt im Koran die ewigen Dinge, die sich in immer neuen Gestalten offenbaren. Er ist in dieser Hinsicht eigentlich ein Mystiker, obgleich er die Mystik strikt ablehnt. Es geht ihm um die persönliche Aneignung des Korans. Das ist im *Dschâvîdnâme* in der Merkur-Sphäre sehr schön dargelegt.

Iqbâl beruft sich dabei auf Sure 13, wo es heißt: „Gott ändert nicht die Geschicke eines Volkes, es sei denn, sie ändern, was in ihnen selbst ist." Ich muss den Koran so lesen, als sei er in dieser Minute für mich herabgekommen und mich existentiell trifft – dementsprechend muss ich mich verhalten. Auch wenn ich sämtliche Kommentare kennen mag, ist es doch meine, mir persönlich geschenkte Offenbarung. Diese persönliche Beziehung zum Heiligen im weitesten Sinne schätze ich an Iqbâl sehr.

Inwiefern stellen die verschiedenen Auslegungsmöglichkeiten des Korans für Muslime selbst ein Problem dar?

■ Unter den Muslimen gibt es tatsächlich viele Auslegungsschwierigkeiten. Ich sprach neulich mit Herrn Hobohm, einem der liebenswertesten und aufrichtigsten deutschen Muslime. Wir kennen uns seit fünfzig Jahren. Er sagte, dass er bei bestimmten Koranversen gerne eine großzügigere Auslegung vorziehen würde als zum Beispiel die Kollegen vom Islamrat oder vom Zentralrat.

Viele Muslime klagen darüber, dass es im Islam keine wirklich zentrale Stelle gibt – so etwas wie den Vatikan, der ein für allemal sagt, was richtig ist. Die vielfältigen Möglichkeiten der Auslegung, die im Grunde etwas sehr Schönes sind, irritieren viele Menschen, auch die Muslime selbst. Ich bekomme oft Briefe, in denen es heisst, ich hätte das und das gesagt, im Koran stünde doch aber das und das. Dann muss ich sagen, ja, das steht im Koran, aber dieser Vers wurde von dem und dem so und so ausgelegt.

Hiermit kommen wir zu der spezifischen Wahrnehmung des Islams. Man könnte genau so viele Stellen aus der Bibel, aus dem Alten oder Neuen Testament aufzählen, sie aus dem Zusammenhang reißen und dann sagen: Das und das steht doch in der Bibel. Man würde doch nicht versuchen, die heutige abendländische Kultur mit zwanzig oder dreißig Zitaten aus der Bibel zu begründen. Selbst wenn die Bibel bestimmte Dinge so eindeutig sagen würde, dass eine Auslegung nicht möglich wäre, würde man doch sehen: Die Bibel ist ein Teil der Realität des Christentums, das im Verlauf einer langen Geschichte auch durch viele andere Faktoren mitgeprägt wurde. Bezüglich der Wahrnehmung des Islams kommt es mir oft vor, als argumentiere man fundamentalistischer als die Fundamentalisten selbst, wenn man sagt: Im Koran steht es aber so und so …

■ Das ist richtig, und es bekümmert mich auch. Neulich sprach ich über irgendeine Gesetzesfrage, und es hieß wieder: „Im Koran steht es doch so und so." Daraufhin sagte ich: „Nein, das steht nicht im Koran, das stellt ihr euch bloß vor, das ist eine Überlieferung, die aus dem zweiten islamischen Jahrhundert stammt." Aber das können die Leute nicht begreifen, dass der Ṣaḥîḥ des Buchari und andere Hadîth-Sammlungen oder selbst maudû'-Hadîthe einen solchen Stellenwert haben. „Wenn es nicht im Koran steht, warum ist es dann so?", fragen sie.

Die Unterscheidung zwischen Koran und Sunna, d. h. dem überlieferten Tun und Sprechen des Propheten, treffen ja nur wenige; die Europäer wissen darüber ohnehin kaum Bescheid. Das macht eine Diskussion oft sehr mühsam. Wenn ich sage: „Das ist ein Hadîth", wenn es etwas Negatives ist, zum Beispiel die Steinigung der Ehebrecherin, die so nicht im Koran vorgeschrieben ist, dann sagt man: „Ja, warum tut man es denn dann?" Wenn es etwas Positives ist, z. B.: „Wahrlich, Gott ist schön und liebt die Schönheit", dann braucht man ja auch diese positive Feststellung nicht zu akzeptieren. Das klarzumachen ist schwierig, es ist auch schwer zu verstehen.

Man könnte sagen, dass der Koran das am leichtesten zugängliche Buch in dem Sinne ist, dass es am leichtesten zur Hand ist. Doch eigentlich ist der Koran schwer zugänglich,

*und für den ungeübten Leser ist es enorm schwer, abzu-
schätzen, was das eigentlich bedeutet, was im Koran steht.*

▪ Einmal ist es die Anordnung der Suren in absteigen-
der Länge, wodurch die frühesten Offenbarungen am
Ende des Buches stehen, so dass man den Koran eigentlich vom Ende her lesen müsste. Dazu kommt auch die
Frage der *asbâb an-nuzûl* – dass sich die Suren im Ton
sehr unterscheiden, je nachdem zu welchem Anlass
und ob sie in Mekka oder später in Medina offenbart
wurden. Die vielen verschiedenen Koranübersetzungen
tragen hierzulande ebenfalls zur Verwirrung bei.

*Die bekannte Koranübersetzung von Rudi Paret haben Sie
auch kritisiert. Sie gilt ja als Gipfel deutscher Islamwissenschaft, als Paradebeispiel wissenschaftlicher Akribie und
Ernsthaftigkeit – nur ist sie leider schwer lesbar.*

▪ Wie ich immer salopp sage: Treudeutsch und unge-
küsst. Ohne meine Kollegen, die längst im Paradies
oder sonstwo weilen, beleidigen zu wollen, muss ich
Ihnen doch von einer Reaktion auf die Paretsche Koranübersetzung erzählen. Sie ist nämlich typisch. Als
die Übersetzung gerade herauskam, nahm sie mein
Freund Hamidullah, ein großer muslimischer Theologe und außerordentlich frommer Mensch indischer
Herkunft, zur Hand und sagte nach einer Weile: „Warum macht der Autor so viele Fragezeichen und Klam-

mern? Warum übersetzt er den Text, wenn er ihn nicht versteht?"

Vierzehn Tage später war Martin Plessner aus Jerusalem hier, ein Mensch, der von jüdischem Witz erfüllt war. Er schlug die Yusuf-Sure auf: „Und Yusuf war ein hübscher Junge." – Da fiel Plessner auf mein Sofa und wälzte sich vor Lachen über diese profane Art der Übersetzung. Ich hatte vorher noch nie einen Menschen gesehen, der sich vor Lachen gewälzt hat! Jeder vernünftige Mensch sieht doch, dass der Ausdruck „hübscher Junge" nicht in der Übersetzung eines heiligen Buches verwendet werden kann. Mich stimmten beide Reaktionen traurig.

Welche deutsche Koranübersetzung schätzen Sie am meisten?

■ Wer wirklich etwas von dem Geist und dem Stil des Korans erfahren will, muss die Übertragung von Friedrich Rückert lesen. Ich bin unendlich dankbar, dass die Übersetzung, die übrigens zu seinen frühen Werken gehört, seit einigen Jahren wieder zugänglich ist und offenbar auch Erfolg hat. Sie ist jetzt in vierter Auflage erschienen – das ist doch wunderbar.

Eine kurze Kritik dieser Koranübersetzung schrieb Julius Wellhausen in der „Theologischen Literaturzeitung". Da meint er, dass der Leser einen fast zu günstigen Eindruck des Korans bekomme.

■ Das ist typisch deutsche Orientalistik des 19. Jahrhunderts. Warum soll das fast zu günstig sein? Hat Wellhausen mal den Klang des Korans wirklich gehört?

Vermutlich nicht. Es ist eigentlich ein eigenartiges Phänomen, dass es meist keine Muslime sind, die den Koran in europäische Sprachen übersetzt haben. Die meisten Koranübersetzungen wurden von Nichtmuslimen gemacht. Luther formulierte sogar den berüchtigten Satz: „Damit alle Welt sehe, was für ein schändlich und verzweifelt Buch der Koran ist." Deshalb soll man ihn also auf Lateinisch lesen. Rückert ist, glaube ich, der erste Europäer, der den Koran aus einem anderen Geist heraus übersetzt hat. Alles, was vorher war, gehorchte dem eigentlich nicht, selbst nicht die heute noch erhältliche Ausgabe von dem Rabbiner Ullmann. Er machte die Übersetzung meines Wissens vor allem, um die jüdischen Elemente des Korans aufzuzeigen.

■ Ja, das war in der Mitte des 19. Jahrhunderts eines der großen Anliegen der jüdischen Orientalisten. Mit der Übertragung des Engländers Sale kann man einigermaßen leben. Aber Rückert ist sicher der erste, der aus seinem eigenen dichterischen Gefühl heraus die Schönheit des Korans verstand. Das Urteil von

105

Wellhausen ist typisch, ich glaube, es gibt heute noch Kollegen, die das unterschreiben würden.

„Gott" oder „Allah"?

Sie haben selbst eine Koranausgabe neu herausgegeben. Max Henning übersetzt in seiner Koranausgabe das arabische Allâh nicht mit „Gott", sondern durchgehend mit „Allah". Das tut Rückert nicht. Inwieweit findet durch die Verwendung dieses arabischen Wortes eine Verfremdung des deutschen Textes statt? Werden dadurch nicht die gemeinsamen Ursprünge von Islam, Christentum und Judentum verschüttet?

■ Das ist ein wichtiges Problem. Neulich machte ein Bundestagsabgeordneter – aus Fulda, glaube ich – eine Eingabe, dass man Muslimen verbieten solle, „Allah" mit „Gott" zu übersetzen, da der islamische Allah ein Götze sei, der nichts mit dem christlichen Gott zu tun habe. Stefan Wild und ich schrieben daraufhin eine Notiz, dass der Herr offenbar nicht wüsste, dass auch die arabischen Christen für Gott nichts anders als „Allah" sagen.

Ich persönlich glaube, und auch eine Reihe meiner deutschen muslimischen Freunde, dass man das Wort „Allah" besser mit „Gott" übersetzte. Ich würde das auch tun. Allerdings ist für die Meditation in der Mystik „Allah" ein wunderbarer numinoser Laut. Die

Muslime wissen oft gar nicht, was sie für ein schönes Glaubensbekenntnis haben. Die erste Hälfte, *lâ ilâha illâ'llâh* ist in der kalligraphischen Form ebenso schön wie im Rhythmus – man kann beim *dhikr*, der Meditation, wunderbar im Rhythmus des Herzschlags oder des Atmens meditieren. Zudem ist es einfach und wohlklingend. Wenn ich ein muslimischer Theologe wäre, würde ich ein Buch über das *lâ ilâha illâ'llâh* in seinen verschiedenen Perspektiven schreiben.

Ich machte einmal, auf einer Stelle im *Mathnavi* von Rumi beruhend, ein Kalligramm oder ein Mandala aus *lâ ilâha illâ'llâh*. Rumi sagt, dass das Wort Allah wie ein Baum sei: Die äußerste Rinde sei das „lâ" – „kein" –, das hart und verdorrt ist, während der letzte Buchstabe, das *h* von *Allah* (das einem kleinen Kreis ähnelt), das Wasser des Lebens enthalte.

Die islamische Mystik

Heute ist viel von Völkerverständigung und dem Dialog der Kulturen die Rede. Inwieweit eignet sich die Mystik dafür? Sie weist einerseits bestimmte Konstanten über die Religionen und Kulturen hinweg auf, andererseits ist sie aber auch sehr spezifisch. Taugt die Mystik als Mittel, Kulturen einander nahe zu bringen?

Ich habe immer versucht, diesen Gedanken zu propagieren, wegen der vielen Ähnlichkeiten nicht nur in der Form und im Inhalt, sondern auch im Ausdruck. Es ist sehr merkwürdig, dass man bei türkischen Mystikern des 14. Jahrhunderts ähnliche Formulierungen findet wie bei indischen oder spanischen derselben Zeit. Es scheint so etwas wie eine innere Form zu geben, so dass sich in verschiedenen Religionen die Erfahrung in ganz ähnlichen Bildern ausdrückt.

Auf der anderen Seite ist es eigentlich eine unsinnige Idee, die verschiedenen Typen der Mystik miteinander vereinen zu wollen. Die Kabbala ist beispielsweise völlig anders als die frühe islamische Mystik. In der indischen Mystik sind die Unterschiede zwischen den Upanischaden und der *bhakti* enorm. Vielleicht könnte man Mechthild von Magdeburg mit Rumi vergleichen oder Ibn Arabî mit Schankara; das wäre möglich. Aber man kann nicht Ibn Arabî mit Yûnus Emre vergleichen, obgleich beide derselben Kultur angehören und durch ein knappes Jahrhundert getrennt sind. Man muss sehr vorsichtig sein beim Vergleichen.

Die Verbindungslinien verlaufen also nicht zwischen den Religionen, sondern quer durch die Religionen?

▪ Quer durch die Religionen. Wenn wir Mystik so auffassen, dass die Mystik der große Strom des Glaubens und der Liebe ist, der unter den Religionen hinwegfließt – ich glaube, Alfred Loisy hat das gesagt –, ist die Mystik ein wunderbares Mittel, um eine Einigung zwischen den Religionen herzustellen. Allerdings habe ich immer ein bisschen Angst, dass vieles verwässert wird – das betrifft vor allem die modernen Entwicklungen im Sufismus und in der Mystik im Allgemeinen. Wenn ich sehe, was gegenwärtig in den USA mit dem armen Mevlâna Rumi geschieht, wie er zu einem Leitbild einer Popkultur wird, dann graust mir.

Ist das nicht der Ausdruck unserer gegenwärtigen Kultur? Vielleicht wird man in zweihundert Jahren ganz anders darüber urteilen und es als den angemessenen Ausdruck dieser Zeit, als angemessene Rezeption sehen?

■ Vielleicht ist es für die Zeit angemessen. Für Rumi ist es meiner Meinung nach nicht angemessen. Diese moderne Interpretation übersieht doch die tiefe religiöse Dimension. „Make love not war" ist zwar ein schöner Spruch, aber er hat nichts mit Rumi zu tun. Ich erlebte Rumi-Enthusiasten in den Niederlanden, die nicht einmal wussten, dass Rumi auf Persisch schrieb. Als Philologin bin ich da intolerant.

Man kann die Mystik natürlich auch so verstehen wie mein alter türkischer Freund Yeni Yûnus Emre, ein analphabetischer Schmied in Adana. Er erklärte meiner Mutter einmal: „Weißt du, die Religionen gehören alle zusammen und sind im Grunde alle gleich. Die Propheten bringen immer die gleiche Botschaft. Die Sonne geht jeden Tag auf, aber hast du je gesehen, dass auf der Sonne ‚Sonntag', ‚Montag', ‚Dienstag' oder ‚Mittwoch' steht? So ist es mit den Religionen."

Mystik ist ein Begriff, der so allgemein ist, dass er fast nichts aussagt. Selbst amerikanische Popgrößen können mystisch angehaucht sein – und Madonna, falls Sie schon einmal von einer Popsängerin gleichen Namens gehört haben, vertonte Gedichte von Rumi. Was ist für Sie das Spezifische an der Mystik im Allgemeinen und das Spezifische an der islamischen Mystik?

■ Das ist eine schwere Frage der Definition. Für mich ist die Mystik einfach die innere Dimension der Religion, die Dimension, die man mit dem Herzen erreichen kann und nicht so sehr mit dem Intellekt. Es ist die Dimension der Gottesliebe, aus der sich alles andere entwickelt. Das ist gleichzeitig der Aspekt, der die islamische Mystik prägt. Heilige wie Rabiʿa, die „Feuer ins Paradies und Wasser in die Hölle werfen wollte, damit diese beiden Schleier verschwinden und die Menschen Gott nur noch aus Liebe anbeten", gehören dazu – ebenso Hallâdsch, der Märtyrer der Gottesliebe, die persischen Dichter, die Volksdichter im Industal und in Anatolien. Es gibt aber auch andere mystische Richtungen, z. B. die mehr intellektualistische Mystik, die wir auch im Christentum und Hinduismus haben und die im Islam am stärksten bei Ibn Arabî ausgeprägt ist. Ibn Arabî ist in letzter Zeit im Westen sehr modern geworden, obgleich ich manchmal das Gefühl habe, die Leute wissen gar nicht genau, warum sie ihn so ungeheuer lieben.

Für mich ist die Mystik die große liebende Bewegung zu dem Einen, das man nicht ausdrücken kann. Wenn man eine solche Haltung hat, ist man imstande, das zu tun, was Rumi tat: dass man in allem Geschaffenen einen Hinweis auf das Göttliche sieht. Das kleinste Tier, die kleinste Pflanze oder auch Ereignisse, die sich zwischen Menschen abspielen, können zu einem Wegweiser zum Göttlichen werden. Das meinten die alten Sufis, wenn sie sagten, in allen Dingen gibt es ein Zeugnis, ein *schâhid*, das darauf hinweist, dass Gott der Eine ist. Das ist für mich die islamische Mystik, und auch die Mystik generell.

Stellt sich die Frage nach der spezifischen und der univer-salen Mystik überhaupt, wenn Sie sagen, dies sei das Spe-zifische der islamischen, aber auch das Spezifische der Mys-tik überhaupt ...?

■ Es ist das Spezifische der Mystik ganz allgemein. Die Ausprägungen sind verschieden, wie die Araber sagen: „Die Farbe des Wassers ändert sich nach der Farbe des Gefäßes." Die Religionen sind das Gefäß, in dem sich die Mystik entwickelt und abspielt. In ihren äußeren Formen oder Farben sind sie verschieden, aber der In-halt ist bis zum letzten Tropfen der gleiche.

Dennoch sind auch die Ausdrucksformen häufig ähnlich. Mich fasziniert es, dass Mystiker aus den ver-schiedensten religiösen Traditionen immer wieder die gleichen Bilder finden, um das auszudrücken, was sie eigentlich nicht ausdrücken können. Mystiker be-haupten immer, sie könnten nichts über das sagen, was sie erführen. Trotzdem gibt es kaum eine Gruppe von Menschen, die so viel darüber schrieben, dass sie ihre Erfahrung *nicht* ausdrücken könnten. Rumi schrieb an die 70 000 oder mehr Verse, nur um zu sa-gen, dass er das, was er eigentlich sagen möchte, nicht sagen könne. Bei Ibn Arabî und den indischen Mysti-kern ist es genauso. Meister Eckhart war auch nicht gerade schweigsam. Es ist ein Paradox.

*Wobei ein Unterschied zu machen ist zwischen mehr syste-
matisierenden Mystikern, wie Meister Eckhart, und solchen, die ihre Ausdrucksform eher in der Poesie finden.*

Deswegen trifft auch der Vergleich, der häufig zwischen Rumi und Meister Eckhart gezogen wird, nicht ganz zu. Rumi war kein intellektueller Mystiker. Er wusste alles, aber er ließ sich von der Liebes-Ekstase forttragen. Manches von ihm ähnelt eher den Aussprüchen der Mechthild von Magdeburg. Wenn man Mechthilds Texte ins Persische oder Türkische übersetzte, würde man denken, viele von ihnen seien original islamische Verse.

Was mich besonders fasziniert – da kommen wir wieder auf das Gemeinsame in der Mystik –, ist, dass die Mystiker in allen Religionen einen enormen Beitrag zur Sprachbildung leisteten. Père Nwyia hat dies in seinem schönen Buch *Exégèse coranique et langage mystique* für die frühe arabische Mystik gezeigt: Die Mystiker seien die Ersten gewesen, die das Arabische zu einer „Sprache der Erfahrung" machten. Wenn wir die Geschichte der islamischen Sprachen betrachten, sehen wir, dass sie fast alle durch die Mystiker geprägt sind. Was wäre die persische Poesie ohne ihre Sufi-Dichter? Was wären die indischen Sprachen, Sindhi, Pandschabi, Gujarati, Dakhni, Urdu oder Paschto? Auch sie wurden zunächst von Mystikern verwendet, die ihre Botschaft den analphabetischen Dorfbewohnern nahe bringen wollten, die weder Persisch noch Arabisch konnten. Da mussten sie ihre Gedanken in der Sprache des Volkes entwickeln. Im Laufe der Zeit entstanden aus diesen mystischen Versen und kleinen Geschichten langsam die Literatursprachen.

Das Gleiche sehen wir bei Meister Eckhart oder Mechthild, die für die einfachen Leute in Deutsch und nicht in Latein predigten; oder bei Franz von Assisi in Italien oder Richard Rolle in England. Im 13. und 14. Jahrhundert entwickelten sich die Volkssprachen – die Sprachen jenseits des Arabischen, Sanskrit oder Lateinischen – dank der Mystiker plötzlich zu Vehikeln einer neuen Literatur. Das gilt auch für die Rolle der *bhaktas* in Indien.

Ich lese immer wieder gern die Geschichte von den Blinden und dem Elefanten, die bei Attâr und später bei Rumi auftaucht. Alle Blinden betasteten gleichzeitig den gleichen Elefanten, aber ihre Beschreibungen klangen so, als handele es sich um ganz verschiedene Tiere. Nur durch Tasten kann ein Blinder das ganze Tier nicht beschreiben. Man kann zwar an einen Rüssel greifen, an einen Fuß, an das Ohr – kann aber daraus nicht erkennen, wie der ganze Elefant aussieht. Wenn wir diese Erfahrung mit dem Wort ausdrücken, das Mechthild von Magdeburg im Deutschen einführte, nämlich „begreifen", dann haben wir das schönste Bild für das „Nichtbegreifenkönnen" des Göttlichen: Wir kennen einzelne, ganz verschiedene, ja widersprüchliche Aspekte des Göttlichen, aber nie „begreifen" wir es in seiner Gesamtheit.

Mystikern wird oft, zum Teil recht pauschal, der Vorwurf gemacht, dass die Mystik nur eine Sache für eine kleine Elite sei. Inwieweit trifft das auf den Gegenwartsislam zu?

▩ Für die Gegenwart des Islams kann ich das nicht genau sagen. Als ich in den fünfziger Jahren in der Türkei war, war der Laizismus ganz ausgeprägt. Von Mystik und Sufismus wollte man möglichst nicht reden. Wenn man jemanden allerdings näher kennen lernte, kam bald heraus, dass ein Onkel Sufi-Scheich bei dieser oder jener *tarîqa* war, ein anderer war Mevlevi, oder der Großvater war ein Scheich im Kadiri-Orden – auf einmal gehörten sie alle irgendwie in das Bild. In Pakistan war es das Gleiche.

Die Mystik in ihrer strengen Form ist immer nur etwas für wenige, die sehr hart an sich arbeiten müssen. Es ist ein großes Missverständnis, wenn man in der Mystik lediglich das Hineingleiten in einen rosaroten Ozean sieht. In Wirklichkeit ist die Mystik, wenn man sie ernst nimmt, eine harte Arbeit an sich selbst, eine Erziehung der Seele, eine Erziehung des Herzens, Läuterung des Herzens, Polieren des Spiegels.

All diese Bezeichnungen zeigen, wie schwer es ist, den normalen Weg zu verlassen und etwas ganz Neues zu unternehmen. Allein schon der Begriff „Weg", *ta-*

rîqa oder *tarika*, zeigt, dass man niemals stehen bleiben darf, dass man immer weiter an sich arbeiten muss.

Es ist nicht so, dass man sich gleich in das Meer der Liebe versenken kann. Das kommt erst, wenn man viel Glück hat, am Ende des Weges. Das begreifen die Leute jedoch nicht. Viele Sufi-Gruppen wollen heute mit Sufi-Dancing und solchen Dingen gleich die Ekstase erreichen. Vielleicht erreichen sie sie; dann ist es gut. Aber die echte Mystik ist ein harter Weg. Bunyans *Pilgrim's Progress* ist es, Santa Teresas Schloss mit den sieben Wällen; es ist Attârs Weg der Vögel …

Gibt es da nicht eine Konvergenz zwischen dem Gesetzes-islam und diesem doch „harten" mystischen Islam, der auch „Arbeit" ist? Das Gesetz zu befolgen ist natürlich auch hart. Sie sagten vorhin, dass Sie in Pakistan Sufis getroffen hätten, die in einer ganz strengen Observanz des Gesetzes-islams leben.

Der Weg des Mystikers ist in allen Religionen hart, weil es um die Selbstüberwindung geht. Für manche Mystiker ist das Gesetz gewissermaßen die äußere Schale: Wenn man sich genau an das Gesetz hält, kann man die mystischen Wahrheiten noch besser er-kennen. Die Haltung finden wir häufig im frühen Su-fismus. Mystischer Tanz, also *samâ*, war und ist bis heute bei vielen Orden gar nicht zulässig.

Man muss da die verschiedenen Ordenstraditionen

betrachten. Der Sufismus ist natürlich auch zu einer Art Volksreligion geworden, und die wirklichen, echten Meister sind selten. Seit dem 11. Jahrhundert und noch stärker im 12. und 13. Jahrhundert schließen sich den echten Meistern viele Laien an; ich nenne sie gerne mit einem christlichen Begriff Tertiaren. Sie suchen eigentlich nur den Segen des Meisters. Er gibt ihnen je nach ihrer seelischen Vorbereitung eine bestimmte *dhikr*-Formel, mit der sie eine für ihre Seele notwendige Reinigung durchführen, indem sie zum Beispiel jeden Tag dreitausendmal das Glaubensbekenntnis oder fünftausendmal die Formel „Ich bitte Gott um Vergebung" aussprechen. Mit den größeren Schwierigkeiten des mystischen Pfades werden sie nicht belastet.

Viele Sufis treffen sich einmal im Jahr am Grabbau ihres Heiligen, um Seelentrost zu finden. Hier weist der Sufismus, genau wie die christliche Mystik, viele volkstümliche Elemente auf. Auf dieser Ebene ähneln sich die Religionen sehr. Selbst die Sitten, die bei solchen Festen üblich sind, sind ganz ähnlich, sei es in Japan oder Andalusien.

Überhaupt scheint in den Religionen eine besonders große Ähnlichkeit und Verständigungsmöglichkeit einmal auf der Ebene der reinen Gotteserfahrung und dann auf der Ebene des wirklich volkstümlichen mystischen Lebens zu liegen. In der Theologie, auf der mittleren Ebene, sind die Gegensätze am größten. Die Theologien der verschiedenen Religionen unterscheiden sich sehr voneinander. Aber die oberste Spitze, nämlich das Ziel, und die untere Ebene, der Volksislam, das Volkschristentum, der Volkshinduismus weisen viele gemeinsame Züge auf. Die Theologien des evangelischen oder katholischen Christentums oder des Vaishnava-Hinduismus sind dagegen hart und haben ihre genau festgelegten Regeln, die sie voneinander unterscheiden. So ist es einfacher, auf der Ebene der mystischen Erfahrung und Ausdrucksweise zueinander zu gelangen als auf der Ebene der Theologie und Jurisprudenz.

Sehen Sie da nicht auch eine Chance für Muslime, für den Islam der Gegenwart und Zukunft? Viele Dinge der modernen Welt scheinen auf der theoretischen Ebene mit dem Islam nicht vereinbar zu sein. Die Orthodoxie tut sich zumindest bei bestimmten Themen – wie der Stellung der Frau oder der Säkularisierung des Staates – schwer. Mystischen Richtungen fallen Modernisierungsprozesse zuweilen leichter. Manche säkulare Richtungen berufen sich sogar auf mystische Vorbilder. Glauben Sie, dass die Mystik für den Islam ein Feld sein könnte, wo sich Frömmigkeit und Aufklärung einfacher treffen als im Bereich der Theologie?

■ Das ist eine wirklich komplizierte Frage, und ich weiß nicht, wie ich sie beantworten soll. Gefühlsmäßig würde ich sagen, es wäre schön, wenn es auf dieser Basis ginge. Aber gerade die Mystiker litten und leiden immer wieder wegen ihrer anderen sozialen Stellung oder ihrer Kritik am Staat: denken Sie nur an Hallâdsch, Nesîmî und Schihâb ad-Din as-Suhrawardi. In diesem Zusammenhang ist es interessant, dass einige Märtyrer-Mystiker in der modernen arabischen, türkischen, pakistanischen und auch persischen Literatur als Vorbilder für den modernen Menschen dienen, der sich zu einer vertieften persönlichen Erfahrung des Numinosen bekennt, nicht aber zum erstarrten Gesetz – so etwa Hallâdsch oder Badr ad-Dîn von Simavna in der Türkei.

Die Gleichung – Mystiker = modern denkender Mensch = daher Märtyrer in einem starren System – ist ein faszinierendes Thema. Auch heute noch werden diejenigen, die sich zu weit vorwagen, von der Orthodoxie oder vom Establishment nicht akzeptiert oder sogar verfolgt. Ob die Mystiker vor diesem Hintergrund die Möglichkeit haben, Wandlungen zu bewirken, ist schwer zu sagen. *Allâhu aʿlam* – Gott weiß es am besten. Aber schön wäre es.

Hier versteht man wenig von der Verankerung der islamischen Mystik im Volk, in der Volksreligiosität. Der Islam wird vorrangig mit der Scharia, der Orthodoxie, dem Gesetzesislam identifiziert. Es wird meist vernachlässigt, dass die Mystik das zweite tragende Element vieler muslimischer Gemeinschaften ist. Sie ist auch eine Quelle der Spiritualität, die nicht nur von bestimmten Sozialrevolutio-

nären oder Modernisten gebraucht wird. Im Westen können sich moderne Strömungen kaum auf eine im Volk weit verbreitete Bewegung berufen.

▪ Vor allem in der modernen westlichen Welt ist die Mystik mit einem Stigma behaftet. Den Protestanten gilt eine mystische Haltung geradezu als Schande. Mystik steht gegen das „Wort" und „das Wort sie sollen lassen stahn". Oft, wenn ich in meiner Begeisterung von der islamischen Mystik spreche, reagieren meine Hörer sehr erstaunt: „Was ist das eigentlich, Mystik? Das gibt es doch im Christentum nicht!" Was natürlich völlig falsch ist. Mit meinen katholischen Gesprächspartnern habe ich, wenn wir über Mystik sprechen, viel mehr Gemeinsamkeiten.

Übersetzte man manche Protestanten ins Arabische, würden sie genau so reden wie heutige Islamisten: Lasset nur das Wort stehen … Allerdings muss die Treue zu den Gesetzes-Buchstaben nicht unbedingt Fundamentalismus sein. Diese radikale Art des Schriftkonzepts im Christentum, das es im Protestantismus gibt, gibt es im Islam nicht, nicht einmal innerhalb der Orthodoxie. Auch dort spielt die Schrift nicht die einzige Rolle. Es gibt auch Dinge, Traditionen, die hinzukommen. Es gibt auch Vieldeutigkeiten, die anerkannt werden. Zudem gibt es auch das Dogma, die Behauptung, dass ein Vers keineswegs wörtlich auszulegen ist oder nicht ausgelegt werden kann. Ich möchte keineswegs Islamismus und Protestantismus gleichsetzen, ich will nur sagen, dass es mir so scheint, dass bestimmte Dinge, die im Christentum keineswegs extremistisch oder reaktionär sind, sondern einfach Teil einer sehr verbreiteten und akzeptierten Religiosität, im Islam sich doch sehr stark in allzu dogmatische Richtungen verwandeln, wenn sie in den Islam übertragen werden.

Der Protestantismus nahm auch eine bestimmte Entwicklung – abgesehen von seiner Fragmentierung. Das heutige Luthertum hat die Bedeutung der Tradition wieder entdeckt, insofern ist es nicht so einfach, wenn man nur vom Wort *als Leitschnur spricht.*

Nein, ich habe das bloß so in den Raum geworfen. In jedem Fall ist es schwieriger, mit Protestanten als mit Katholiken über Mystik zu sprechen. Ich war sehr froh, dass ich in Harvard meine Jesuitenstudenten hatte, mit denen konnte ich das wenigstens diskutieren. Diese Beobachtung gilt übrigens nicht nur für die Mystik. Einige der besten und verständnisvollsten Islamwissenschaftler kamen aus der katholischen Tradition. In den USA sahen wir immer wieder, dass die Jesuiten mehr vom Islam verstanden oder verstehen wollten als viele unserer protestantischen Studenten. Wir haben das im Center for the Study of World Religions deutlich beobachtet. Vielleicht ist es nur eine Offenheit gegenüber den Möglichkeiten, die sich da für Dialoge ergeben. Neu-England war schließlich eine sehr protestantische Gegend.

Vielleicht kann man sagen, dass sich das Erbe des Protestantismus am ehesten in der traditionellen arabischen Philologie verwirklicht. Nöldeke war zum Beispiel ein typischer protestantischer Forscher. Die großen Pioniere der Islamwissenschaft kamen dagegen aus einer etwas anderen Tradition, Sie erwähnten bereits Massignon. Die protestantische Theologie hatte vielleicht das Pech, dass eine Gestalt wie Rudolf Otto letzten Endes keinen Einfluss hatte.

■ Nein, er hatte sehr wenig Einfluss. Ich fand es auch schockierend, dass jemand wie Nathan Söderblom, den ich sehr verehre, als lutherischer Erzbischof von Schweden in seinem großen Buch *Der lebendige Gott* den Islam völlig übersieht. Er kommt gar nicht vor. Friedrich Heiler hielt nach Kriegsende in unserem Internierungslager einen Vortrag über Söderblom. Als ich ihn fragte, was Söderblom über den Islam geschrieben habe, schaute er mich mit großen Augen an und sagte: „Gar nichts." Das fand ich sehr traurig.

Frauenbilder und Frauenleben im Islam

Noch in den fünfziger Jahren gab es in Deutschland kaum eine Professorin. Sie selbst erhielten in den sechziger Jahren keinen Lehrstuhl und mussten 1967 in die USA auswandern. Dagegen konnten Sie in der Türkei in den fünfziger Jahren problemlos als junge Frau und Nichtmuslimin an der Theologischen Fakultät lehren. Selbst heute noch ist es schwer vorstellbar, dass an einer deutschen theologischen Fakultät eine Muslimin Theologie lehrt. In Marburg machte es bereits Probleme, dass ein Katholik Sozialethik unterrichtet.

Marburg war in dieser Beziehung nicht sehr offen. Mich hat die Stellung der Frau in den Religionen und vor allem im Islam immer interessiert. Als ich das Buch *Meine Seele ist eine Frau* herausbrachte, schrieb irgendein Kritiker, dass ich nun endlich auch den Feminismus entdeckt habe. Ich publizierte jedoch bereits 1949 meinen ersten Aufsatz über die Frauen in der islamischen Mystik, auf Englisch im *Pakistan Quarterly*. Es war für mich kein neues Gebiet. Schon bei Heiler, der ein viel zu wenig bekanntes Buch über die Frau in den Religionen verfasst hat, lernten wir, dass die Frau in der Religion eine außerordentliche Rolle spielte. Er

123

zitierte aber auch das Wort von Moriz Winternitz: „Die Frau war immer die beste Freundin der Religion, aber die Religion nie die beste Freundin der Frau."

Welche muslimischen Frauenfiguren interessierten Sie besonders?

▪ Ich habe als Studentin aus Interesse erst einmal Margaret Smiths Buch über Rabi'a gelesen, was mir außerordentlich imponiert hat. Ich habe Margaret Smith leider nie ausfindig machen können; sie ist irgendwann in den fünfziger Jahren wohl in England gestorben. Ich hätte sie gerne kennengelernt, sie hat auch über Muhâsibî geschrieben. Ich war erstaunt, was für eine beachtliche Anzahl von Frauen, die in der Frühzeit des Islams als Mystikerinnen galten, sie zusammengestellt hat.

Als ich an der Edition der Biographie des 982 verstorbenen Schiraser Mystikers Ibn Chafif arbeitete, kamen auch Frauen vor. Massignon hat in einer sehr interessanten Bemerkung gezeigt, dass in Herat im 11. Jahrhundert – in der Zeit Abdullah-i Ansârîs – offenbar eine ganze Reihe von Frauen als Mystikerinnen wirkten. Auch Fritz Meier forschte über die Frauen und ihre Rolle in der Mystik von Abu Sa'id (gest. 1049), dem er ein sehr schönes Buch gewidmet hat. Wenn man die Quellen durchforscht, trifft man auf viele im Sufismus aktive Frauen. Es gab auch Predigerinnen und Hadîth-Kennerinnen. Eine israelische Kollegin hat die ganzen biographischen Handbücher auf den Anteil von Frauen durchgesehen: Er war viel größer, als man erwarten würde.

Wir dürfen nicht vergessen, dass beispielsweise schon bei Mez in der *Renaissance des Islam* (1922) die Karîma von Merw erwähnt ist, die kurz nach dem Jahr 1000 in Mekka in fünf Tagen den ganzen *Sahîh* des Buchârî lehrte. Sie muss also in einer ungeheuren Geschwindigkeit geredet haben. Mez machte auch eine kleine boshafte Bemerkung darüber.

Es gab sehr viele Frauen in der Traditionsliteratur. Eine große Zahl wichtiger Hadîthe geht auf Aischa, die junge Frau des Propheten, zurück. Auch Kalligraphinnen, wie Schuhda al-kâtiba und andere, spielten im Mittelalter eine große Rolle. In Indien verfasste Prinzessin Dschahânârâ, die älteste Tochter Schah Dschahâns, zwei sehr interessante mystische Schriften und sammelte Kommentare zum *Mathnavi* und anderen mystischen Werken. Sie beauftragte eine ganze Reihe von Gelehrten, Kommentare zu Rumis Werk zu schreiben.

Mystikerinnen

In der Volksfrömmigkeit spielten Frauen immer eine große Rolle, wie die *Haft 'afîfa,* die sieben keuschen Frauen, in Sindh. In Sindh tauchen auch Frauen auf als Rezitatorinnen von frommen Liedern, als Mystikerinnen, die hier *faqîrânî,* Fakirinnen, genannt werden.

Mein Lieblingsbeispiel aus der Geschichte ist die Frau des al-Hakîm at-Tirmidhî, die um 900 lebte. Sie erfuhr in ihren – persischen – Träumen, auf welcher mystischen Stufe sie und ihr Mann standen. Durch diese Träume, die sie ihrem Mann erzählte, unterstützte sie seine Karriere. Einige dieser Träume schrieb ihr Mann auf – sie sind wirklich literarische Meisterwerke. Auch in der osmanischen Türkei haben wir Frauen, die durch ihre Träume und deren mystische Auslegung besonders bekannt geworden sind.

Ich hatte das große Glück, dass ich in der Türkei eine der wirklichen mystischen Führerinnen kennen lernte und mich mit ihr befreundete. Es war Samiha Ayverdi, die in Istanbul lebte, und aus einer alten vornehmen Familie stammte. Sie leitete als *Halifa*, als Nachfolgerin von Kenan Rifâ'î, den Rifâ'î-Orden weiter. Der bestand natürlich offiziell nicht mehr; auch unter Atatürk, der 1925 alle Derwischorden abgeschafft hatte, hatte Kenan Rifâ'î seine Lehren nur privat verbreitet. Dennoch setzte Samiha Abla die Tradition in Istanbul fort. Gemeinsam mit drei Freundinnen, darunter eine syrische Christin, schrieb sie seine Lebensgeschichte: *Kenan Rifâ'î und der Islam oder Die Stellung der Muslime im 20. Jahrhundert*. Das Buch ist ein Beispiel dafür, wie man versucht, den Islam in einer modernen, aber dennoch nicht seelenlosen Weise zu interpretieren.

Ich fand die Bewegung außerordentlich wichtig. Durch ihre Romane hatte Samiha auch einen gewissen Einfluss. Es gibt jetzt eine deutsche Magisterarbeit über sie, die etwas kritisch ist, da Samiha natürlich den kemalistischen Werten recht ablehnend gegenüberstand. Je älter sie wurde, desto härter wurde sie in ihrer Ablehnung des Kemalismus und desto konsequenter in ihrer Rückkehr zu den eigentlich islamischen Werten. Sie starb 1993; ich habe sie noch drei Tage vor ihrem Tod gesehen.

In der islamischen Welt gibt es überall solche Frauen. Auch die nicht nach außen wirkende Frömmigkeit der Frauen hat mich immer beeindruckt. Ich kannte eine ältere, ganz einfache Frau, die nur Sindhi sprach und unendlich fromm war. Als ihr Mann, mit dem sie längst nicht mehr zusammenlebte, starb, brachte sie drei Monate in der Zurückgezogenheit zu, was sie, als von ihm Geschiedene, eigentlich nicht brauchte. Kurz vor ihrem Tod war ich zu Gast in ihrem Haus. Ihr Atmen war nur mehr ein *dhikr;* es war immer nur ein Gottesname oder eine religiöse Formel. Die Religion hatte sie so durchdrungen, dass sie eigentlich nur noch aus diesem *dhikr* bestand. Es war eine sehr bewegende Erfahrung für mich.

Parda oder die völlige Abgeschlossenheit

Ich fand in der islamischen Welt Frauen allerdings auch in Umständen, dass mir die Haare zu Berge standen. Vielleicht ist es im Zusammenhang mit dem nunmehr gestürzten Taliban-Regime wichtig zu erwähnen, dass die radikale Abschließung der Frauen, *Parda,* keine Erfindung der Taliban war, sondern Teil der paschtunischen Lebensform.

Anfang der sechziger Jahre kam ich mit einer Freundin, die mit einem Pathanen verheiratet war, in ein Dorf am Khyber-Pass. Wir besuchten einen Millionär, der uns mit dem üppigsten Essen bewirtete, das ich je in meinem Leben gesehen habe. Als wir anschließend fragten, ob wir seiner Mutter nicht unsere Aufwartung machen könnten, verneinte er. Schließlich willigte er doch ein, aber wir dürften unsere Kameras nicht mitnehmen. Wir wurden in ein kleines Haus am Ende des großen Hofes geführt. Dort saßen alle weiblichen Mitglieder des Hauses: Mutter, Töchter, Schwestern – es schien uns schlimmer als in einer Legebatterie. Es war für uns entsetzlich zu sehen, unter welchen Umständen diese Frauen lebten, die doch Angehörige einer reichen Familie waren. Das sei eben Stammessitte, hieß es.

Später traf ich noch viele Frauen, die sich rühmten, seit ihrer Heirat nie das Haus verlassen zu haben. Das war für sie eine Frage der Ehre – und diesen Standpunkt muss man auch verstehen.

Frauenbeschneidung

Gibt es eine Grenze, wo ein Außenstehender bestimmte kulturspezifische Formen der Unterdrückung und Benachteiligung nicht mehr respektieren darf? Oder darf man sich als Außenstehender generell nicht einmischen? Gibt es Traditionen, die man durch die kulturspezifischen Werte des anderen nicht mehr entschuldigen darf?

▨ Diese Frage ist sehr schwer zu beantworten. Generell habe ich mich immer mehr an das Kulturspezifische gehalten. Beim Thema Frauenbeschneidung ist das allerdings anders. Ich war sehr überrascht, als dieses Thema plötzlich in den westlichen Medien auftauchte. Während all der Jahrzehnte, die ich immer wieder in muslimischen Familien zugebracht habe, habe ich nie davon gehört. Und muslimische Frauen sprechen untereinander mit einer Offenheit über die intimsten Dinge, dass wir keusch erzogenen westlichen Frauen manchmal schamrot werden. Wenn es so etwas wie Frauenbeschneidung in der Türkei oder in den Ländern, die ich kenne, gäbe, hätte ich das bestimmt in all den Jahren mitbekommen. Tatsächlich ist es eine ursprünglich afrikanische Sitte.

Auch wenn es längst nicht alle Muslime tun, werden doch dort, wo diese Sitte praktiziert wird, religiöse Begründungen angeführt. Es wird auf bestimmte Hadîthe verwiesen,

auch wenn diese „schwach" sein mögen. Ist dies als kultur-
spezifisch – ob nun afrikanisch oder islamisch – zu akzep-
tieren, oder muss man hier versuchen, durch Aufklärung
oder Gesetze die Beschneidung zu begrenzen und schließ-
lich zu verhindern?

▪ Bei der Frauenbeschneidung bin ich sehr für Aufklärung. Was mich außerordentlich bekümmert, ist,
dass die führenden Theologen bisher kaum ein Wort
dazu gesagt haben, jedenfalls nicht in der Öffentlichkeit, so dass es die Menschen wirklich beeindruckt.
Nur Tantawi, der Großscheich der Azhar-Universität,
hat sie abgelehnt. Sein Vorgänger Gad ul-Haqq hat sie
dagegen sogar befürwortet.

Es ist wirklich eine abscheuliche Sitte. Tatsächlich
gibt es einige schwache Hadîthe, die die Beschneidung
propagieren. Ich selbst habe nur in einem einzigen Fall
persönlich davon gehört, und zwar aus der Siebener-
schiitischen Gruppe der Bohora; eine Frau aus Indien
erzählte uns in Harvard, dass sie eine Enkeltochter habe, die jetzt beschnitten werden müsse. Da schrien wir
alle: „Was?" „Ach", sagte sie daraufhin, „wir nehmen
nur ein ganz kleines Stückchen Haut ab, damit dem
Wort Genüge getan ist." Es scheint eine spezifische
Bohora-Sitte zu sein, denn meine anderen Ismaili-
(Aga-Khani-)Studenten hatten nie zuvor davon gehört.

Einbruch der Moderne

Was hat die Moderne für Neuerungen im Alltag der eher traditionell lebenden Musliminnen gebracht? Welche Veränderungen schätzen Sie als besonders prägnant ein?

▪ Es wäre eine sehr interessante Aufgabe, zu erforschen, wie sich die Verbreitung des Videos in den islamischen Gesellschaften ausgewirkt hat. In Multan besuchte ich einmal den sadschdschâda sâhib, den Leiter der dortigen Suhrawardiya, einen Mann von großer Macht, der in ganz Pakistan seine Muriden, d. h. Anhänger, hatte. Er hatte eine entzückende Ehefrau und vier Töchter. Nach dem Abendessen fragte Makhdum Sâhib, ob ich nicht mit hinauf zu den Frauen kommen wolle, sie hätten gerade neue Videos aus Indien gekriegt. Ich riss nur die Augen auf und entschuldigte mich – nein, ich würde lieber arbeiten.

Ich fragte mich dann, wie diese indischen Kitsch-Videos und auch die Hollywood-Schinken wohl auf Frauen wirken, die kaum je nach draußen kommen. Manche Frauen haben fast nichts von der Außenwelt gesehen. Wie reagiert so eine Frau, wie reagiert eine Kultur, wenn diese Filme plötzlich direkt ins Haus kommen? Vielleicht wäre ich als Frau froh gewesen, mir damit die Langeweile vertreiben zu können. Aber als gut behütete muslimische Frau hätte ich mich doch eigentlich lieber von so etwas fern gehalten.

Die Verbreitung der Videos hat natürlich traditionelle For-men der Unterhaltung verdrängt, zum Beispiel das Ge-schichtenerzählen, das Deklamieren von Poesie. Beides hat nicht mehr die Bedeutung, die es vor zwanzig Jahren noch gehabt hat.

■ Früher erzählten Frauen vielfach Geschichten und konnten zahlreiche Gedichte rezitieren. Das tritt nun langsam alles in den Hintergrund. Früher gab es in den großen Familien immer eine Frau, die besondere Dinge zu erzählen wusste. Das war eine Welt, von der wir modernen Menschen kaum noch eine Ahnung haben. Ich bin sehr dankbar, dass ich miterleben konn-te, wie man dort arbeitete und lebte. All das zerbricht jetzt langsam, und das bekümmert mich – vielleicht gerade deshalb, weil ich immer draußen sein konnte. Wenn man das traditionelle Leben als Außenstehender sieht, wirkt es ja anders, als wenn man mittendrin steht. Ich denke oft an eine vornehme alte Dame, de-ren Schwiegertöchter, wie sie, strikt in *Parda* lebten – mit Ausnahme der jüngsten, einer Journalistin. Zu ihr sagte die Schwiegermutter einmal: „Ihr armen Din-ger – ihr müsst in die Stadt gehen, unter all diese Men-schen, müsst eure Handtasche selbst tragen! Mir brachte mein Mann jeden Tag ein neues Gewand, und der ganze Bazar kam ins Haus! Wir haben es doch viel besser als ihr …“

Ist das Aufkommen des Fundamentalismus und auch von gewalttätigen Strömungen eine Folge des Zerbrechens traditioneller Kulturen?

Ich glaube schon, dass das zumindest dazu beigetragen hat. Als direkte Folge würde ich es nicht ansehen. Aber wenn so viele Dinge auf eine Gesellschaft einströmen, ist es natürlich, dass es auch kräftige Gegenwirkungen gibt. Der Wandel der orientalischen Welt in den letzten fünfzig Jahren – seit ich das erste Mal in den Orient gekommen bin – ist enorm, nicht nur wirtschaftlich, sondern auch geistig.

Betrachtungen über das Kopftuch

Vielen Europäern gilt das Kopftuch als das Symbol schlechthin für die Unterdrückung der Frau im Islam.

Viele Europäer kennen heute ihre eigenen Traditionen nicht mehr. Wer von denen, die sich furchtbar über das muslimische Kopftuch aufregen, kennt noch das Pauluswort im 11. Kapitel des 1. Korintherbriefs, wo es heißt: „Das Weib verhülle sein Haupt"? Das habe der heilige Paulus nicht so gemeint, heißt es dann immer.

Zur Zeit des Propheten war eine gewisse Verhüllung nur für seine Ehefrauen und andere vornehme Damen vorgeschrieben. Ihre Verhüllung war ein Zeichen der Vornehmheit, damit sie nicht, wenn sie auf die Straße gingen, mit Sklavinnen verwechselt wurden. Je weiter man vom Urislam weg ist, desto strenger versucht man offenbar eine – angenommene – urislamische Identität zu gewinnen. Die Frauen des Propheten waren sicher ganz fröhlich und benahmen sich wie normale Frauen.

In Europa erregt die Verschleierung heute eher zusätzliche Aufmerksamkeit. Ich erinnere mich an eine junge muslimische Inderin in Harvard, die in die Hände eines fundamentalistischen Freundes fiel und sich von da an fast völlig verschleierte. Sie meinte, es sei ein Zeichen ihrer Bescheidenheit. Doch einer unserer muslimischen Freunde sagte zu ihr: „Dich hat hier niemand angesehen, wenn du mit deinem indischen Gewand und unbedeckten Haaren über die Straße gingst; jetzt aber starren dich alle an, und du behauptest, du tätest das aus Bescheidenheit. Das ist doch paradox."

Bei jungen türkischen Schülerinnen in Deutschland fällt es vielen schwer, das Kopftuch zu akzeptieren, weil man das als Art der Abschottung sieht, als einen Verzicht auf bestimmte Gemeinschaftserlebnisse.

■ Ach, ich beneide diese Mädchen, wenn sie keinen Sport mitzumachen brauchen. Ich habe das gehaßt.

Nun gut, das ist nur meine persönliche Einstellung. Ich bin aber trotz meiner anti-sportlichen Haltung entschieden fitter als viele „sportliche" Menschen.

Zeigt die besonders orthodoxe Haltung mancher Muslime in Deutschland nicht auch ihre Unsicherheit? Fehlt der muslimischen Minderheit hier nicht eine Art von Selbstsicherheit? In einem traditionellen muslimischen, christlichen oder jüdischen Umfeld gibt es diese Art der Sicherheit, die es einem ermöglicht, die Übertretungen anderer relativ gelassen hinzunehmen. Das beschreibt Abu Zaid in seiner Autobiographie Ein Leben mit dem Islam *sehr eindrücklich: Es gibt zwar klare Normen, an die man sich halten muß. Wenn sich andere an diese nicht halten, dann ist es die Aufgabe Gottes, darüber zu richten. Es ist nicht die Aufgabe des Einzelnen, quasi den Gesandten zu spielen und den Leuten vorzuschreiben, wie sie zu leben haben. Diese Art von Rigidität wird heute von Ländern wie Iran oder Saudi-Arabien staatlich verordnet. Auch manche Konvertiten sind nicht bereit, eine Ambivalenz im Umgang mit Normen und Gesetzen zu akzeptieren, eine Ambivalenz, die erst möglich ist, weil man mit dem Gesetz zu leben gelernt hat.*

Dem würde ich zustimmen. Als Minderheit fühlt man sich unsicher und ist versucht, einen Kokon aus Gesetzen und Normen um sich zu spinnen. Mit dem Kopftuchtragen ist es ähnlich: Man zieht sich gleichsam in eine kleine Festung zurück.

Dieses Gefühl der Unsicherheit scheint auch für viele Menschen in den islamischen Ländern zu gelten.

▪ Ja, ich habe das in Bahrain gesehen. Ich traf dort mit einigen hochgebildeten jungen Frauen zusammen, von denen einige sogar in Kanada studiert hatten. Sie waren in jeder Hinsicht modern. Doch wenn sie ausgingen, waren sie schwarz verhüllt. Sie hätten in Kanada das Gefühl gehabt, zeigen zu müssen, dass sie ihre Religion ernst nähmen, und fanden es nun ganz richtig, sich zu verschleiern. Doch in Bahrain gehen viele Frauen weder mit Burqa noch mit Schleier oder Kopftuch auf die Straße.

Hat sich die Kopftuch-Praxis in der Zeit verändert, in der Sie die islamische Welt beobachten?

▪ In der Türkei gibt es bekanntlich ein Kopftuch- und Vollbartverbot. Der deutsche Mann einer Freundin, der immer einen Bart trug, hatte als Lehrer in der Türkei große Schwierigkeiten – sie wollten ihm unbedingt den Bart abschneiden!

In Pakistan verhüllen sich heute mehr Frauen. In Indien konnte man Musliminnen meist daran erkennen, dass sie zumindest ein Kopftuch, manchmal auch eine Burqa trugen und dass sie nicht so häufig den Sari trugen, sondern eher *schalwâr qamîs,* bauschige Hosen und je nach Mode ein längeres oder kürzeres, engeres

136

oder weiteres Oberkleid, das typisch für Pakistan ist und in dem man sich bequem bewegen, ja sogar Tennis u. a. spielen kann. In Indonesien scheinen die Musliminnen ebenfalls häufiger als früher ein Kopftuch zu tragen, während die Ganzverschleierung nach wie vor selten ist.

In Ägypten erlebte ich einmal eine hochgebildete Dame, die plötzlich ein Kopftuch trug, allerdings sehr elegant geschlungen. Sie sagte, sie wäre vor kurzem durch den Schwarzwald gereist und hätte gemeint, dass so das Paradies aussehen müsse: Alles sei grün und einfach herrlich, wenn sie das nur die ganze Ewigkeit hätte! Seitdem verhülle sie sich, damit sie dem Gesetz folge und so hoffentlich ins Paradies gelange! Für mich wäre der Schwarzwald nicht gerade das Paradies, aber das brauchen Sie in einem Büchlein für Herder nicht zu erwähnen …

Muslime in den USA und in Deutschland: ein Vergleich

Sowohl in Deutschland als auch in den USA haben Sie viele Muslime kennen gelernt. Haben Sie große Unterschiede ihrer Lebenssituation feststellen können?

■ Heute gibt es viele muslimische Intellektuelle, die in Europa oder in den USA hohe Stellungen bekleiden, Naturwissenschaftler, Professoren, Ärzte. Auch in Deutschland gibt es viele ausgezeichnete Ärzte, vor allem aus Iran. Alle meine Freunde wollen zu iranischen Ärzten gehen, weil die so gut sind. In den USA findet man in allen Universitäten muslimische Gelehrte und Professoren, die auf ihren eigenen Gebieten arbeiten. Viele von ihnen vergessen durchaus nicht, dass sie gute Muslime sind.

In Harvard gibt es jedes Jahr beim Abschluss des Studienjahres eine große Feier, das *Commencement*. Dazu gehört, dass der evangelische Universitätsprediger eine Rede hält und ein Gebet spricht. Vor zwei oder drei Jahren ließ man zum ersten Mal einen Muslim das Gebet sprechen. Das hat mich sehr gefreut, und es ist jetzt Sitte geworden. Von meinem Nachfolger, einem Ismaili-Muslim, hörte ich, dass sich der neue Universitätspräsident nach dem 11. September 2001 besonders um die Muslime auf dem Campus gekümmert habe, damit ihnen nichts geschehe. Das fand ich doch eine erfreuliche Nachricht.

Sehen Sie diese Art von Respekt und Anerkennung von Muslimen, wie Sie sie für die USA beschrieben, auch in Deutschland?

▦ Nun, es gibt auch hier verschiedene Versuche, die Muslime mit einzubeziehen. Kürzlich rief mich eine in der Kulturarbeit aktive Freundin an und fragte mich nach der Adresse eines aktiven Muslims. Sie wollte ihn, wie auch den evangelischen Superintendenten zur alljährlichen Aschermittwochsversammlung des Kulturbeirats der Stadt Bonn einladen.

1967 sind Sie aus Deutschland in die USA übergesiedelt ...

▦ ... gekidnappt worden bin ich, ich wollte ja gar nicht!

In den USA war die Bereitschaft da, den Kulturaustausch zu fördern. In Deutschland tat man sich damals noch schwerer als heute, den Austausch in Bezug auf den Islam zu unterstützen. Glauben Sie, dass Deutschland im Vergleich zu anderen Ländern immer noch hinterherhinkt?

■ Das ist schwer zu sagen. In Deutschland ist die Situation ganz anders als in den USA. Hier sind die Türken zunächst als Gastarbeiter gekommen, das heißt also aus einer verhältnismäßig niedrigen Klasse, wenn man diesen Ausdruck heute noch gebrauchen darf. Es waren meist Leute vom Lande, die von ihrer eigenen Kultur nicht viel wussten und von der europäischen schon gar nichts. Dies war der erste Eindruck, den die Deutschen von den neu ankommenden Muslimen gewannen. Außerdem existiert in Deutschland immer noch die unterschwellige Vorstellung von der Türkengefahr seit 1529, die merkwürdigerweise im Kollektivgedächtnis geblieben ist. Die Muslime, die nach Amerika einwanderten, waren dagegen fast alle Intellektuelle oder Kaufleute.

Dadurch war es für die Amerikaner, sofern sie überhaupt realisierten, was passierte, viel leichter, die Muslime als gleichberechtigte Mitbürger anzuerkennen.

In Deutschland tauchen immer die gleichen Fragen auf: Ist der Islam integrierbar? Ist der Islam mit dem Grundgesetz, mit der Moderne vereinbar? Und so weiter …

■ Das kommt, weil die erste Welle der Emigranten in Deutschland tatsächlich einfache Leute waren, die aus einer dörflichen Umgebung stammten. In die USA ging dagegen die Intelligenz, seien es christliche oder muslimische Araber. In den letzten Jahren hatten wir an unserer Fakultät in Harvard Muhsin Mahdi aus dem Irak, wir hatten George Makdisi, der zwar ein amerikanischer frommer Katholik ist, dessen Familie aber aus Damaskus stammt, und Ali Asani, einen Ismaili aus Kenia. Sie hatten keine Probleme mit der Integration. Wir erlebten zudem ein interessantes Experiment: Der Imam der Quincy-Moschee, der größten Moschee von Boston, hat bei uns in der Theologischen Fakultät seinen Master in christlicher Theologie gemacht.

Das ging ohne weiteres?

■ Ja! Er war zwar nicht übermäßig intelligent, aber sehr fleißig. Wir haben ihm allerlei nachhelfen müssen, aber das machte nichts, es hat doch geklappt – zu seiner und zu unserer großen Freude.

Ist es nicht so, dass man hierzulande den Islam als Faktor oft überschätzt und ihm einen zu großen Stellenwert beimisst? Dass man beim Thema Integration gleich den Koran studiert, ob nun dieses und jenes auch mit dem Islam vereinbar sei … Spielt nicht, wie Sie bereits erwähnten, auch die soziale Herkunft eine große Rolle?

■ Ich würde die soziale Herkunft viel stärker für die Schwierigkeiten verantwortlich machen als den Islam. Wenn Sie Ihr halbes Leben in einem anatolischen Dorf verbracht haben, wissen Sie nichts vom Grundgesetz – und auch nichts von den vielen Möglichkeiten des Islams.

Ich persönlich freue mich immer, wenn ich mit einem türkischen, persischen oder afghanischen Taxifahrer fahre. Mit den Türken kann ich mich dann über ihre Herkunftsdörfer, sofern ich sie kenne, und viele andere Dinge unterhalten. Was mich neulich wirklich gerührt hat: Ich diskutierte mit einem sehr gebildeten Fahrer so lange und intensiv über philologische und philosophische Fragen, dass er sich verfuhr und mich eine Viertelstunde zu lang in seinem Taxi festhielt – nur weil er sich mit mir über seine Probleme unterhalten wollte. Natürlich berechnete er für die Überschreitung der Zeit nichts. Und mit Persern oder Afghanen sprechen wir meist über Poesie, rezitieren Hafis oder Rumi.

Heute gibt es ja nicht mehr nur die alte Form der türkischen Gastarbeiter. Türken, Perser, Afghanen und Kurden sind heute in fast allen Berufen vertreten oder sind selbst Unternehmer geworden. In Bonn sind sämtliche Copy-Shops fest in persischer Hand, was mich sehr freut. Der Inhaber eines solchen Geschäfts in „meiner" Straße begrüßt mich oft mit Hafis-Gedichten. Das finde ich wundervoll.

Aber dass die soziale Herkunft gerade in dieser Beziehung eine große Rolle spielt, zusammen mit der vorhin angesprochenen unterschwelligen Türkenfurcht, macht Deutschland zu einem besonders schwierigen Fall.

Glauben Sie, dass es sich generell eher in eine positive Richtung bewegt, dass das von der zweiten oder dritten Generation ganz anders gesehen wird?

▪ In den USA haben wir es in der Tat so erlebt: Die erste Generation war noch etwas unsicher. Die Kinder, die im Lande geboren werden oder ganz klein ins Land kommen, sind dreihundertprozentige Amerikaner: Statt Kebab zu essen, wollen sie nur zu McDonald's gehen – alle Mütter klagen darüber. Deren Kinder wiederum sagen: „Ach, wir sind doch etwas anderes!" und kommen dann zu unseren Kursen über Islamkunde, Arabisch, Persisch, Türkisch oder Urdu! Zu Beginn meiner Lehrtätigkeit in Harvard hatten wir bestenfalls vier, fünf Studenten in Urdu, jetzt haben wir sechzig. Das ist die dritte Generation der Einwanderer aus Indien und Pakistan!

Sie kommen oft auch zurück zum Kopftuch, obwohl ihre Mütter kein Kopftuch trugen!

▪ Dieses Phänomen der zweiten und dritten Generation nach der Einwanderung ist schon ungeheuer interessant. Das gibt es hier ja auch schon. Im türkischen

143

Önel-Verlag in Köln, wo ich viele meiner Bücher herausbrachte, geht es jedoch völlig modern zu; dort sieht man Miniröcke und Ähnliches.

Sehen Sie denn eine Art deutschen Islam heraufkommen?

■ Ich weiß nicht, wie sich das entwickeln wird, das kann ich noch nicht sagen. Ich möchte nicht in die Fußstapfen von Bassam Tibi treten.

Wie schätzen Sie die Bedeutung von islamischem Religionsunterricht auf Deutsch ein?

■ Ich finde das sehr wichtig. Wir hatten hier einen wohlhabenden Herrn gehabt, der das Geld für einen Lehrstuhl für islamische Theologie, zu besetzen mit einem Muslim, stiften wollte. Es war alles da: Die Theologische Fakultät war glücklich, dass es diese Möglichkeit gab; mein Kollege für Didaktik des Religionsunterrichts, Professor Meyer-Blank, der uns begeistert unterstützte … und dann sagte unsere geliebte Kultusministerin: „Nein, das brauchen wir nicht." Das war ein Skandal. Jetzt kriegt wahrscheinlich eine andere Universität den Lehrstuhl oder das Geld.

*Auf Universitätsebene wird in Erlangen jetzt eine Gastpro-
fessur eingerichtet. In Bayern gab es übrigens für Kinder
schon früh – aufgrund einer Initiative des damaligen Kul-
tusministers Hans Maier – den Ergänzungsunterricht in
Türkisch für Kinder. Dahinter steckte die Einsicht: Man
muss für die Kinder etwas tun, weil die ja zurückgehen sollen. Heute werden einfach auf Deutsch türkische Inhalte gelehrt. Aber an sich schreibt das Grundgesetz vor, dass es
Religionsunterricht gibt, zwar in staatlicher Regie, aber bestimmt von den jeweiligen Religionsgemeinschaften, also
den Kirchen. In Nordrhein-Westfalen konnten sich die
Muslime offensichtlich nicht auf die Lehrinhalte einigen, so
dass das Ministerium dann sagte: Das interessiert uns
nicht, wir machen jetzt ein Curriculum, wir sagen: Das unterrichtet ihr jetzt, und das ist jetzt der Islamunterricht in
Nordrhein-Westfalen.*

Das habe ich anders gehört, aber wahrscheinlich kennen Sie sich in den technischen Dingen besser aus.
Wir haben wirklich versucht, es ganz richtig zu machen. Dass das Ministerium sich nicht mit einer islamischen Gruppe einigen konnte, ist meines Erachtens
auch ein Vorwand. Den Zentralrat der Muslime
könnte man durchaus als Dachorganisation verstehen.
Aber es ist eben schwierig, weil DITIB und Milli Gö-
rüş, und noch weitere Gruppen ihre kleinen Konven-
tikel haben. Irgendwo im Sauerland gibt es, glaube
ich, noch eine deutsche muslimische Gruppe. Die
Muslime hier sind in der Tat recht zersplittert. Einig-

145

keit ist leider nicht ihre große Stärke. Notwendig ist der islamische Schulunterricht jedenfalls. Die Österreicher haben es da besser: Dort ist der Islam eine normale Religion wie Christentum und Judentum. Sie haben ihren islamischen Religionsunterricht, und es gibt kein Problem.

Warum tun sich die Deutschen da sehr viel schwerer als die Österreicher, Niederländer oder als andere Europäer?

Für die Österreicher ist es einfacher, weil der Islam seit 1886, seit der Annexion Bosniens, als Religionsgemeinschaft anerkannt worden ist. In den anderen europäischen Ländern kenne ich die Situation nicht so genau. In den Niederlanden, in Frankreich und in Großbritannien haben sie natürlich ihre vielen verschiedenen Schulen und Vereinigungen – sicher eine Spätfolge der Kolonialherrschaft. Dort bin ich eigentlich mehr mit Muslimen als mit Christen zusammen. Aber das ist natürlich ein großes Problem für die Zukunft. Hamburg ist mit seinem großen Anteil an schiitischen Persern sehr gut beim Austausch mit nicht nur anderen Muslimen, sondern auch mit den in der Stadt vorhandenen anderen Religionen.

Christlich-islamischer Dialog

Gerade in den letzten Monaten ist viel vom christlich-islamischem Dialog die Rede. Kann ein solcher Dialog gelingen, wenn einerseits die christlichen Theologen sehr wenig Ahnung vom Islam haben, andererseits die muslimischen Diskussionsteilnehmer häufig sehr zufällig ausgewählt werden und theologisch nicht unbedingt sehr beschlagen sind. Ist da ein Dialog auf gleicher Ebene eigentlich möglich?

Tatsächlich fehlen die Voraussetzungen, das ist völlig richtig. Wir haben das immer sehr bedauert. Die muslimischen Theologen, die hierher kommen, sind nicht in der Art des Argumentierens ausgebildet, wie die evangelischen und vor allem katholischen Theologen. Häufig genug nimmt man auch gleich den türkischen Händler oder Ingenieur und setzt ihn neben einen katholischen Bischof.

Vor ein paar Wochen habe ich in Köln allerdings etwas sehr Schönes erlebt. Dort gibt es an der Katholisch-Theologischen Fakultät einen Kurs über vergleichende Theologie. Man hatte mich eingeladen, um in dem Islamteil zu sprechen. Es war wirklich erstaunlich, dass man da versuchte, nicht von religionsgeschichtlichen, sondern von theologischen Grundbegriffen aus an das Thema zu kommen. Die Studenten – Christen, Muslime und Buddhisten – waren außerordentlich aufgeschlossen. Es hat mir sehr imponiert, dass die Fakultät so ein Wagnis einging.

Im *Spiegel* (44/2001) las ich neulich einen wirklich ärgerlichen Artikel über den „verlogenen Dialog". Der Tenor des Textes ging dahin, dass man jedweden Gedankenaustausch doch sein lassen solle, da ein „Dialog" die Differenzen zwischen den Religionen nur herunterspiele. Ich habe mich sehr darüber geärgert.

Die katholische Kirche hat es in diesem Punkt sehr viel besser. In Wien ist gerade ein Buch über Gemeinsames und Verschiedenartiges im Christentum und Islam herausgekommen, das die Mödlinger Patres mit einigen führenden Ajatollahs erarbeitet haben. Pater Andreas Bsteh ist die Seele dieser jahrelangen Dialoge. Ich war auch einmal dabei, als es dabei um den Dialog mit arabischen Muslimen ging. Kardinal Schönborn reiste sogar nach Teheran, um mit den Ajatollahs zu sprechen.

Die katholische Kirche hat einfach eine bessere Technik in der Diskussion. Bei den Protestanten ist das schwierig, da ihnen die scholastische Schulung fehlt, die ja auch in der islamischen Theologie die Grundlage bildet.

Ist es hilfreicher, selbst religiös zu sein, wenn man Religionen, auch alte Religionen, verstehen möchte?

▪ Ich könnte mir das nicht anders vorstellen. Heute ähnelt die Religionswissenschaft ja fast der Soziologie. Wenn man Religion verstehen will, muss man nach meiner Überzeugung auch ein Organ dafür haben, genau wie man nur Klavier oder Geige spielen kann, wenn man musikalisch ist.

Es ist ja eine Grundannahme der Religionsphänomenologie, dass eine gewisse Nähe zum Objekt, ein Zugang auch zum Religiösen an sich notwendig ist, um dieses fern scheinende Phänomen zu begreifen. Ist es denn möglich, dieses nur durch die eigene Religiosität zu verstehende Phänomen jemandem verständlich zu machen, der selbst nicht religiös ist oder in unserer säkularen Gesellschaft lebt?

▪ Es ist schwierig. Ich merke das, wenn ich mit Freunden oder Bekannten spreche, die sich rühmen, Atheisten zu sein und nichts von der Religion wissen zu wollen. Wenn man sich damit als Lebensaufgabe beschäftigt, muss man eine bestimmte Grundlage haben und ein bestimmtes Gefühl für das Numinose, um mit Rudolf Otto zu sprechen. Ich kann mich besser mit einem gläubigen Rabbi, Hindu oder was immer verständigen als mit einem Atheisten, der alles Religiöse als Quatsch ablehnt.

Vielleicht liegt ein Problem der Islamwissenschaft gerade darin. Die Bezeichnung „Islamwissenschaft" macht das schon deutlich, denn das Fach ist eine merkwürdige Geburt. Islamwissenschaftler sind eigentlich arabische oder persische Philologen, also Orientalisten. Über die Philologie kommt man notwendig auf die Kultur. Die Kultur wiederum ist beeinflusst von der Religion, und so schlittert man gewissermaßen in die Religion hinein, wenn ich es mal salopp sagen darf. Vielleicht ist das ein Problem vieler Islamwissenschaftler, dass sie einen anderen Zugang zur Religion haben als jemand, der von der Theologie oder von den Religionswissenschaften her kommt.

Für einige Kollegen ist das Fach in der Tat nur eine etwas nach Osten erweiterte Philologie oder Geschichte. Um die geistigen Aspekte kümmern sie sich verhältnismäßig wenig. Es kann aber auch vorkommen, dass sie gute fromme Christenmenschen sind, die einfach kein Organ für die spezifischen Aspekte des Islams haben.

Aber ist nicht das Spezifische Ihres Beitrags zur Orientalistik, dass Sie eine bestimmte Ebene der Wahrnehmung hineinbrachten, die es zuvor allenfalls bei christlichen Theologen wie Tor Andrae oder später bei Kenneth Cragg gab? Sie hatten sich mit der Weltanschauung des Islams beschäftigt und eine große Sensibilität aufgrund ihres eigenen religiösen, theologischen Standortes gezeigt.

■ Ja, da stimme ich Ihnen zu. Mein großer Held in der Islamwissenschaft ist Louis Massignon. Ich sage immer, wenn ich je einen Heiligen traf, dann Louis Massignon. Er besaß ein solches Strahlen tief aus dem Inneren, das hat mich zutiefst bewegt. Ich bin sehr stolz, dass ich einige sehr schöne Briefe von ihm habe. Er wurde natürlich auch sehr angefeindet. Viel mehr als ich es je könnte, war er ein praktischer Mystiker. Was er in der Kolonialzeit für die Algerier tat, wie er sich um die Gefangenen kümmerte, war einmalig in unserer ganzen islamwissenschaftlichen Tradition.

Natürlich muss man kein Heiliger sein, um ein guter Islamwissenschaftler zu sein, um Gottes willen! Es wäre natürlich schön, wenn wir eine Gemeinschaft von Heiligen wären, aber davon sind wir weit entfernt. Massignon war etwas Besonderes.

Kulturaustausch
zwischen Orient und Okzident

Hierzulande ist die Unkenntnis über den Islam immer noch groß.

■ Die Unkenntnis ist immer noch weit verbreitet. Am meisten schmerzt mich, dass es nicht nur den Journalisten an Kenntnis mangelt, sondern dass gebildete Leute, selbst Botschafter, die in diesen Ländern gelebt haben, absolut keine Ahnung haben. Als mein Buch über das „Islamische Jahr" herauskam, traf ich einen Herrn aus dem Vorstand einer unserer internationalen Gesellschaften, der immer wieder im Orient gewesen war. Er fand mein Buch sehr interessant: Er habe ja gar nicht gewusst, dass die Muslime eine andere Zeitrechnung haben.

Natürlich haben wir jetzt einige gute Botschafter in den arabischen Ländern, die auch Arabisch sprechen, *al-ḥamdu li-llâh!* Ich habe bei meinen Reisen viele positive Erfahrungen in unseren Botschaften zwischen Indonesien, Usbekistan und Marokko gemacht.

*Sehen Sie es als Ihre Aufgabe an, zur gegenseitigen Kultur-
vermittlung beizutragen?*

▪ Ich kann es nun mal nicht ändern, dass ich den Orient liebe. Ich versuche, diese Liebe durch meine Arbeit
an andere Leute weiterzugeben oder sie zumindest verstehen zu lassen, dass es auf der anderen Seite auch lie-
benswerte Dinge gibt. Man hat mir öfter vorgeworfen,
dass ich den Okzident vernachlässigte, doch ich habe so
viele Vorträge in Indien, Pakistan, in der Türkei und in
den arabischen Ländern über deutsche Kultur gehalten!
Allerdings nicht über die moderne Spaßkultur, von der
jetzt so viel die Rede ist. Ich habe versucht, unseren
orientalischen Freunden die Werte unserer Kultur, die
Dichtung nicht nur von Goethe und Rückert, sondern
auch von Dichtern und Denkern aus früheren oder aus
modernen Zeiten wie Hermann Hesse oder Rilke
nahe zu bringen. Dabei spielen Gelehrte wie Raymun-
dus Lullus (gest. 1315) und, aus näherer Zeit, Herder
eine große Rolle.

Ich glaube, das ist eine sehr wichtige Aufgabe, denn
die Unkenntnis der Werte der westlichen Kultur ist
im Orient genauso groß wie die Unkenntnis der islamischen Werte bei uns im Westen. Ich finde es sehr
gefährlich, wenn orientalische Gruppen oder einzelne
Menschen den Westen nur mit Technologie und
Spaßkultur identifizieren, ohne zu wissen, wo die historischen Hintergründe unserer Entwicklung liegen.

Genauso wie man von uns Orientalisten fordern sollte, in die tieferen Schichten des Orients einzudringen oder zumindest bereit zu sein, das zu versuchen, sollte man im Orient auch „Okzidentalisten", die *mustaghri-bîn*, fördern und ihnen eine gründlichere Kenntnis der europäischen Entwicklung geben. In den früheren britischen Kolonien, in Kenia zum Beispiel, lernten die Kinder in den Schulen natürlich englische Geschichte bis zum Überdruss. Mein Nachfolger in Harvard, Ali Asani, der in Kenia zur Schule ging, weiß wahrscheinlich mehr über britische Geschichte als die meisten Engländer heutzutage.

Ist die starke Präsenz der europäischen Kultur in der arabischen, persischen und türkischen Welt vielleicht der Grund dafür, dass das Interesse, nun seinerseits den Westen zu studieren – wie es die Europäer seit Jahrhunderten nicht nur mit der islamischen Welt, sondern auch mit China oder Altägypten tun –, in der islamischen Welt nur selten ausgeprägt ist?

■ Das ist richtig. Allerdings gibt es an einer Universität wie Harvard zum Beispiel über zwanzig Lehrstühle für Geschichte, von denen sechzehn (!) für amerikanische Geschichte sind und nur ein einziger (und das auch erst seit einiger Zeit) für Islamgeschichte – jetzt ist gerade noch durch eine Stiftung ein zweiter dazugekommen. So versteht man auch, warum die Amerikaner so merkwürdige Dinge im Mittleren Osten machen. Es fehlt ihnen einfach die Kenntnis. Wenn wir schon an der Elite-Universität ein solches Manko haben …

Das Verständnis und Wissen über die islamische Kultur war in der Zeit von Rückert, Goethe oder Herder wohl weniger verbreitet. Heute liest dagegen jeder Taxifahrer im Stern *oder* Spiegel *Artikel über den Islam. Zur Zeit wird ein immenses Wissen an Informationen zusammengetragen. Ist das Verständnis für die islamische Kultur damit gewachsen?*

Nein, das glaube ich nicht. Die Fülle der Informationen ist vielleicht sogar ein Schleier vor dem richtigen Verständnis. Zu Zeiten von Goethe und Rückert interessierten sich zwar nur wenige Menschen für den Orient, aber diese waren Dichter und Schriftsteller, deren Stimmen auch von der denkenden Mittelschicht gelesen und gehört wurden. Das macht einen Unterschied.

Hängt es nicht auch damit zusammen, dass heute die generelle Grundüberzeugung besteht, dass man zwar über die, aber nichts von der außereuropäischen Welt lernen kann? Zu Goethes und Rückerts Zeiten und noch davor gab es eine ausgesprochene, fast kindliche Neugierde diesen Kulturen gegenüber, man wollte nicht so sehr darüber aufklären, sondern selbst lernen, sich intellektuell bereichern.

Ja, das war da. Das Bild von China war durch die Berichte der Jesuitenmissionare, aber auch durch die britischen Übersetzer positiv geprägt. Man kann gegen die britische Kolonialzeit sagen, was man will – aber die Briten interessierten sich doch immerhin für die Kultur ihrer eroberten Länder, vor allen Dingen für Indien. Ich finde es faszinierend, zu sehen, wenn man durch englische Kleinstädte reist, dass da immer noch ein gewisses Verständnis für den Orient vorhanden ist, so schwierig die rassischen und religiösen Probleme in manchen Teilen Englands jetzt auch sein mögen. Aber es ist sicherlich ein tieferes Verständnis vorhanden als bei uns.

Ich glaube, dass es ein wichtiger Punkt ist, den Sie ansprachen. Man *will* von den Türken hier gar nichts lernen; es heißt eher: „Die müssen wir erst einmal zivilisieren", so in diesem Stil.

Eine Folge des 11. September 2001 ist eine Flut von Informationen über den Islam. Es gab auch die Hoffnung, das Verständnis für den Islam sei in der Folge gewachsen. Bemerkenswert ist aber ein Doppeltes: Einerseits gab es diese gebetsmühlenartig und bis zur Erschöpfung – auch von offizieller Seite – vorgetragenen Bekenntnisse, „der Islam" sei nicht verantwortlich, man müsse unterscheiden zwischen „dem Islam" und fundamentalistischen Tendenzen, der Islam an sich sei friedliebend. Auf der anderen Seite gab es, quasi als Bumerang, auch in der seriösen Publizistik, plötz-

lich wieder bestimmte, längst totgeglaubte Stereotypen: Der Islam sei per se antisemitisch, aggressiv, kriegslüstern, intolerant. Wenn das Ergebnis von all dem ist, dass sich hier doch wieder ein Bild des Islams verfestigt, das weit hinter die Zeit von Rückert und Herder zurückfällt, kann man doch nur resignieren, anstatt dass man das Gefühl hat, hier sei das Verständnis gewachsen.

▪ Ich habe mich sehr – um es milde zu sagen – gewundert über einige der Artikel in unseren Medien und auch gerade über die Nobelpreisverleihung an V. S. Naipaul, die zu diesem Zeitpunkt gefeiert wurde. Vor zehn Jahren haben wir uns schon darüber aufgeregt, was *Among the Believers* für ein antiislamisches Buch sei. Nach meiner Meinung hätte man den Nobelpreis lieber Juan Goytisolo geben sollen, der wirklich versucht hat, den Islam von seiner spirituellen Seite sehr unaufdringlich in seinen Werken darzustellen. Aber das war wohl gerade nicht opportun.

Die genannten Ereignisse haben in der Tat eine völlig neue Welle der negativen Beschäftigung mit dem Islam ausgelöst. Ich kenne das von etlichen meiner intellektuellen Freunde, mit denen ich mich auch oft darüber gestritten habe. Und wie gesagt scheinen auch die Türkenkriege im kollektiven Unterbewusstsein weiterzuleben. Die ganze Literatur der „Türkenlieder" des 16. und 17. Jahrhunderts ist an Gemeinheit kaum zu überbieten. Das kommt plötzlich alles wieder hoch, obgleich wir besser informiert sind und obgleich wir wissen, was der Islam für eine großartige Kultur hervorgebracht hat.

Trotzdem und gerade deshalb müssen wir weiter versuchen, ein besseres Verständnis für den Islam und für die islamische Kultur in ihrer besten Form zu finden, ebenso wie unsere muslimischen Freunde in Ägypten oder Saudi-Arabien auch offen sein müssen für das, was wir an großer Kultur zu bieten haben.

Ich glaube, es ist ein Zwei-Wege-System: Man kann nicht das eine anerkennen und das andere ganz verdammen. Wir leben doch auf derselben Erde und müssen uns gegenseitig schätzen und voneinander wissen. Sonst geht die Kultur zugrunde, in Hass und in Hässlichkeit.

Ich weiß nicht, wie lange Dinosaurier wie ich noch leben, aber ich hoffe, dass ich noch, solange ich lebe, dazu beitragen kann, die islamische Kultur hier besser bekannt zu machen – und ebenso die deutsche Kultur, vor allem die deutsche Klassik, im Orient. Man muss dem Guten und der historischen und literarischen Wahrheit den Weg ebnen. Das ist eine sehr harte Arbeit, aber trotzdem geben wir die Hoffnung nicht auf: *Wa-llâhu ma'a s-sâbirîn* – „Gott ist mit den Geduldigen". Vielleicht ist in meinem Kismet, vielleicht ist es „geschrieben".

Das Verständnis in der islamischen Welt vom Westen, von der westlichen Kultur und ihren Tiefenströmungen wird anscheinend auch nicht besser, die Gräben scheinen auch hier immer größer zu werden. Das Verständnis reduziert sich dort auf bestimmte Aspekte der amerikanischen Außenpolitik. In den dreißiger und vierziger Jahren sind Schriftsteller wie der Ägypter Taha Hussein oder der Iraner Sadeq Hedayat mit der westlichen Literatur groß geworden, haben sie förmlich aufgesogen. Sie haben diese Grenzziehung zwischen West und Ost gar nicht akzeptiert. Dagegen wird heute nicht nur der Islam auf bestimmte politische Dinge reduziert, auch die Politik wird auf bestimmte Herrscherhäuser oder bestimmte religiös motivierte Oppositionsgruppen beschränkt. Auch die islamische Welt identifiziert den Westen nicht mit der Kultur ...

▪ ... mit Goethe oder Beethoven ...

... und auch nicht mit den Größen der amerikanischen Kultur, mit den politischen Philosophen, mit Alexis de Tocqueville. Alles wird auf die Außenpolitik der Vereinigten Staaten, auf die CIA und so weiter reduziert.

▪ Das führt in der Tat zu einem Schrumpfen des Verständnisses.

Gleichzeitig wachsen die Aufrufe zum Dialog der Kulturen fast schon inflationär. Aber liegt nicht eine gewisse Gefahr darin, dass das zu einem bloß allgemeinen Bekenntnis wird. Dialog heißt zunächst einmal etwas anderes als Übersetzen, Dialog setzt voraus, dass man die jeweils andere Kultur auch wahrnimmt. Die Dialogbekenntnisse der Politiker und Publizisten scheinen diese beiden Blöcke – da Islam, hier Westen – noch mehr zu zementieren. Dabei sind die „Blöcke“ in der gelebten Realität viel mehr verzahnt.

■ Das ist eine sehr gute Beobachtung. Das grundlegende Buch über die europäisch-islamischen Kulturbeziehungen von Franco Cardini, *Europa und der Islam – Geschichte eines Missverständnisses*, halte ich in dieser Hinsicht für aufschlussreich. Dort wird aufgewiesen, dass es ein Missverständnis ist, Islam und Abendland gegeneinander auszuspielen. Der Autor zeigt, dass es unendlich viele Verzahnungen gibt, die sich im Laufe der Geschichte entwickelt haben und die Grenzen verwischen, und dass eine Seite ohne die andere niemals sein könnte. Mir haben die Einsichten dieses Buches ungeheuer imponiert, obgleich der Schwerpunkt auf dem Mittelmeerraum liegt und die deutsche Beteiligung an dieser Verzahnung verhältnismäßig wenig auftaucht.

Das Blockdenken finde ich sehr gefährlich; aber offenbar sind wir im Moment so mechanisiert, dass wir nur noch in Blöcken und Systemen denken können.

Sie sprachen im Zusammenhang mit der Mystik davon, dass bestimmte Grenzziehungen nicht zwischen den Kulturen bzw. Religionen, sondern quer durch die Kultur verlaufen. Wenn man heute nicht nur den Islam oder das Christentum, sondern einfach die soziale Realität sieht, dann haben die Teheraner, die Istanbuler, die Athener oder die römische Mittelschicht untereinander viel mehr gemeinsam – bis in die Art und Weise, wie man Glauben praktiziert – als beispielsweise mit den afghanischen Paschtunen oder mit den anatolischen Einwanderern. Deren Religiosität kann man in vielen Fällen eher vergleichen mit der der katholischen Spanier vor zwanzig oder dreißig Jahren, als die patriarchalischen Strukturen den Alltag noch sehr bestimmten.

▪ Ja, natürlich. Die Istanbuler sehen häufig auf die Anatolier wie auf Halbwilde herab. Auch in Pakistan habe ich das erlebt. Im Islam gibt es zwar kein Kastensystem; trotzdem gibt es diese scharfen Trennungen, die sich dann manifestieren. Man müsste einmal ein Buch darüber schreiben, wie sich diese beiden – der vertikale Block und die verschiedenen horizontalen Abspaltungen – zueinander verhalten, das wäre ein ungeheuer interessantes Forschungsfeld.

Sie haben es auf dem Gebiet der Mystik dargestellt: dass die Linie in der Mystik gewissermaßen vertikal verläuft, dass Mystiker des 12. Jahrhunderts wie Rumi und Mechthild von Magdeburg viel mehr gemeinsam haben, als Rumi z. B. mit seinen orthodoxen Nachbarn.

■ Bei der Mystik kann man das tatsächlich verhältnismäßig gut darstellen, wenn ich mich nicht irre und nicht zu grob skizziere. Aber in der Politik, im politischen Wirken, da bin ich nicht erfahren genug, um solche Dinge zu sehen. Trotzdem glaube ich, es ist auch richtig: Zumindest im Sozialbereich kann man solche vertikalen Brüche sehen, aber auch horizontale Brüche oder Verwerfungen. Was Sie von den Bauern in Anatolien und der Elite in Istanbul sagten, gilt genauso für den europäischen Adel und die niederen Schichten. In Österreich ist der Adel auch noch da. Ich habe sehr liebe österreichische adelige Freunde, die eine in sich geschlossene Gruppe bilden. Sie sind sehr nett nach außen, aber sie gehören doch zusammen, von St. Petersburg bis Mailand.

Das Problem ist ja weniger, dass in Europa der Adel noch teilweise existiert, sondern dass in der islamischen Welt das Bürgertum zusehends verarmt.

■ Es hat ja nie ein Bürgertum in unserem Sinne gegeben. Allerdings gab es eine Gelehrtenschicht …

... eine Gelehrten-, eine Mittelschicht in fast allen orientalischen Städten, deren Religiosität sich von der Religiosität eines Basaris oder eines Händlers unterschieden hat.

In der iranischen Politik spielten die Basaris eine große Rolle, auch zur Zeit der Revolution 1978/79. Aber jetzt? Die wenigen Pîrs und Scheiche, die in Pakistan noch übrig geblieben sind, sind natürlich in der Politik aktiv und spielen noch immer eine große Rolle. Doch die weniger Privilegierten bleiben draußen, und dass diese manchmal revoltieren, kann man auch gut verstehen, wenn man die Verhältnisse auf dem Subkontinent kennt.

Aber das sind Fragen, zu denen ich eigentlich nicht viel sagen kann, da ich auf diesem Gebiet keine Expertin bin. Ich rede nicht gerne über Dinge, die ich nicht mindestens zu achtundneunzig Prozent verstehe.

Sie haben nicht nur aus Ihrer Perspektive als Wissenschaftlerin, sondern auch als Reisende geschrieben. Daher kennen Sie sicher auch das Phänomen, dass bestimmte Grenzziehungen, die man am Schreibtisch fällt, sich in der Realitiät ändern oder sehr viel komplizierter sein können.

Grenzziehungen können sich durchaus ändern. Pakistan kenne ich nun seit 44 Jahren, und in dieser Zeit hat sich die Gesellschaft stark verändert. Es gibt noch bestimmte Strukturen, aber die werden natürlich angegriffen. Schon Iqbâl hatte versucht, die Macht der Pîrs und Mullahs, der geistigen Führer und Landlords zu brechen. Aber die Mullahs sind erstarkt, während die anderen geschwächt sind. Man muss sehen, wie es weiter geht, *in schâ'a llâh khair!*

Sie haben sich ja immer wieder für einzelne Intellektuelle eingesetzt. Sie haben Briefe verfasst und Ähnliches mehr, was in Deutschland weniger bekannt ist – obwohl es doch eine große Öffentlichkeit für verfolgte Intellektuelle gibt.

▪ Ja, ich werde das jetzt in Jena wieder tun. Dr. Sa'daddin Ibrahim, ein angesehener Intellektueller und Streiter für die Demokratie, ist in Ägypten zu sieben Jahren Gefängnis verurteilt, weil er sich unter anderem für Kopten eingesetzt hatte. Er bekommt in Jena eine Auszeichnung, und da hat man mich gebeten, etwas zu dem Fall beziehungsweise zum Islam zu sagen, und das habe ich angenommen. Ich finde, es ist meine Pflicht. Also versuche ich, so gut ich kann, *karinca kaderince*, wie wir auf Türkisch sagen, „so viel, wie es eine Ameise kann". Ich gehöre nämlich zu den Namliten.

Sie haben sich einerseits immer sehr für ganz konkrete Personen, die wegen einer Meinungsäußerung verfolgt wurden, eingesetzt – auch als die iranische Zeitschrift Kiyan *ge-*

schlossen wurde, schrieben Sie einen sehr schönen und wichtigen Brief. Andererseits stehen Sie in einem sehr engen oder direkten Kontakt zu zahlreichen Führern in der islamischen Welt, auch in Saudi-Arabien oder Jordanien ...

▪ ... also in Saudi-Arabien mit den politischen Führern nicht unbedingt. Da kenne ich im Königshaus eigentlich niemanden. Ich war vor kurzem eine Woche in Saudi-Arabien, und das war eine ziemlich sonderbare Angelegenheit.

In der FAZ veröffentlichten Sie nach Ihrer Saudi-Arabien-Reise einen Artikel, der nur äußerst milde gewisse Dinge ansprach. Ein paar Tage später, anlässlich eines Vortrags an der Universität Bonn, schilderten Sie ebenfalls Ihre Beobachtungen und formulierten Ihre Kritik sehr direkt, klar und plastisch ...

▪ ... ach Gott, in dem Artikel steht ja doch auch einiges.

Ja, aber im persönlichen Gespräch sind Sie wesentlich direkter ...

▪ Ja, weil ich mich im Gespräch lieber äußere. Es heißt ja auch:

„Sagt es niemand, nur den Weisen,
weil die Menge gleich verhöhnet" –

wenn ich mit Ihnen spreche, habe ich natürlich das Gefühl, dass ich mit Weisen spreche.

Diese kleine Geschichte aus Saudi-Arabien habe ich eigentlich mehr zum Spaß geschrieben, weil es so ungewöhnlich war, was ich da gesehen habe, weil ich so auf die Frauen konzentriert war. Ich fand, das war auch mal ganz interessant. Ich sage viel im persönlichen Gespräch, aber schreiben mag ich nicht alles, was ich weiß. Wenn ich das alles schreiben würde, kämen noch viel mehr Bücher heraus, und das will ich nicht. Über diesen kleinen Artikel haben sich viele Leute amüsiert. Das war ja auch der Zweck.

Medienschelte am Beispiel Afghanistan

Sehen Sie das Verständnis in Deutschland für den Islam eher wachsen, oder meinen Sie, dass sich die Vorurteile und Klischees – auch gerade durch unsere Berichterstattung – eher festigen?

Ich glaube, dass Vorurteile noch immer sehr stark sind. Das hat man bei der Berichterstattung über Afghanistan gemerkt. In unserer Zeitung hatten wir heute ein Titelbild, wo drei Afghanen, zwei Männer und ein kleines Mädchen, im Kofferraum eines Autos sitzen und ganz vergnügt herausschauen. Unter dem Bild stand ungefähr folgender Text: Nachdem alle Verbindungen in Afghanistan unterbrochen sind, sucht man sich auf diese Art und Weise weiterzubewegen. Mein Gott, seit Jahrzehnten fahren die Leute am Khyber-Pass auf diese Art und Weise in ihren Autos! Da sitzen fünf, sechs Leute im Kofferraum und zehn in und auf dem Auto. Das gehört sich so, das hat nichts mit dem Krieg zu tun, das Bild kann uralt sein.

Viele Journalisten sind einfach völlig ahnungslos, was die Geschichte Afghanistans angeht. Es gibt ein paar gute Journalisten, die etwas mehr davon verstehen, aber im Allgemeinen ist Afghanistan für die Reporter, wie auch für die normalen Gebildeten, ein leerer Fleck. Wie der Balkan oder das „wilde Kurdistan" der Skipetaren, das man nur durch Karl May kennt.

Es bekümmert mich schon, wenn ich im Fernsehen Berichte aus islamischen Ländern sehe und unsere Journalisten die persischen oder arabischen Wörter nicht korrekt aussprechen können. Dass die Taliban ein Plural (von Talib „Sucher", nämlich nach Wissen) sind, hat vielleicht nur einer von hundert Journalisten gemerkt.

Wie beurteilen Sie denn generell die Rolle der Medien in unserer Gesellschaft?

Eher kritisch. Wir wissen ja, wie Informationen weitergegeben werden und wie durch die Informationspolitik aus einer Mücke ein Elefant oder aus einem Elefanten eine Mücke gemacht wird. Zudem werden wir hier mit Informationen berieselt. So Leid es mir natürlich tut, wenn in China beim Zusammenbruch einer Brücke dreißig Menschen in den Fluss stürzen, weiß ich nicht, ob dieses Wissen für meine Allgemeinbildung unbedingt notwendig ist. Wir werden mit zu vielen Informationen gefüttert, ohne dass diese wirklich gefiltert werden. Das Durchfiltern kann natürlich auf Kosten der Wahrheit gehen, je nachdem, wer das Filtern übernimmt. Trotzdem glaube ich, dass diese Fülle von Informationen eher verwirrend als nützlich ist.

Man sollte mehr wissen, aber nicht nur über Tagespolitik und -ereignisse, sondern man sollte etwas über
den geschichtlichen und vor allem kulturellen Hintergrund der Geschehnisse lernen.

Ich habe in letzter Zeit so viele Vorträge und Artikel
über die Kultur in Afghanistan gehalten und geschrieben wie nie zuvor. Das ist notwendig, damit die Menschen nicht denken – und ich weiß das von sehr gebildeten Menschen –, dass dieses Afghanistan so etwas
wie eine Wildnis ist, wo nur schreckliche, kampfgie-
rige Pathanen und tyrannische Taliban herrschen.

Wer weiß denn etwas über die kulturelle Vergan-
genheit Afghanistans, wer weiß schon, dass Darî, d. h.
das etwas altertümliche Persisch, die Kultursprache
war? Paschto wurde von den Afghanen selbst, von der
Elite, als Volkssprache angesehen, die meisten gebildeten Afghanen sprachen Persisch. Auch die Paschtunen
sprachen zum großen Teil Darî. Ich hielt alle meine
Vorträge in Afghanistan in Darî, nicht in Paschto, was
ich damals überhaupt noch nicht konnte. Ich habe gar
nichts gegen Paschto, das ist eine ungeheuer interessante Sprache, und es gibt eine wunderbare Volksliteratur, die ich sehr liebe, aber die Sprache der hohen
Kultur war nun mal das Darî. Das fällt heutzutage in
den Nachrichten völlig unter den Tisch.

Wer weiß denn, dass Ghazni eines der größten Kulturzentren der mittelalterlichen islamischen Welt gewesen ist? Mahmud von Ghazni, Firdosi, Farrukhî
und Sanâ'î – dies sind doch alles Namen, die für den

Normalmenschen keinerlei Bedeutung haben. Vielleicht braucht man sie auch nicht zu kennen, aber man sollte wenigstens wissen, dass es in Afghanistan in alter Zeit Kulturzentren gegeben hat, die es mit jedem anderen Kulturzentrum in der Welt aufnehmen konnten.

Auch über die verschiedenen Religionen, die es dort gibt und gab, wissen die wenigsten Journalisten Bescheid. Es regt mich zudem immer auf, wenn ein Journalist diesen schrecklichen Ausdruck „Gotteskrieger" gebraucht, dieses Wort bringt mich in Rage.

Die amerikanische Universitätsausbildung

Eine Frage zum amerikanischen Ausbildungssystem. Es gibt im Augenblick eine Bestrebung an den deutschen Universitäten – die sehr stark von der Politik diktiert wird, aber auch von bestimmten Wissenschaftsorganisationen –, unsere Universitätssysteme nach amerikanischen Vorbildern auszurichten. Was ist Ihre Ansicht dazu? Sie haben langjährige Erfahrungen in den USA sammeln können, als Professorin an der Eliteuniversität Harvard. Könnten die Amerikaner nicht auch etwas von den Deutschen lernen? Warum dieses Bestreben nach Amerikanisierung, nach der Neugestaltung der Studiengänge, nach Einführung der Bachelor of Art- und Magister-Abschluss und so weiter?

■ Ich habe in den fünfundzwanzig Jahren, in denen ich in Harvard war, niemals gefunden, dass das dortige System sehr gut ist. Es ist natürlich seit langer Zeit eingeführt, und wenn unsere Studenten in Harvard ihre vier Jahre *Undergraduate work* getan haben, sind sie recht gut fürs Leben gerüstet. Manche schreiben sogar eine ganz ausgezeichnete *Honors thesis.* Sie müssten einmal sehen, wie im letzten Semester die Vertreter der großen Firmen und Institutionen in Harvard auftauchen und Interviews mit den Studenten machen, die gerade ihren Bachelor of Arts machen, also etwa zweiundzwanzig Jahre alt sind. Die bekommen Stellungen, von denen wir nur träumen können – einfach, weil sie einen Harvard-BA haben – wobei das dichte Netz der Alumni (frühere Absolventen) eine wichtige Rolle spielt.

Und wenn jemand an der Business-School gut abgeschlossen hat, ist es natürlich noch besser, aber das ist schon *Graduate work*. Es gehen nur wenige vom BA zum MA weiter und noch weniger zum PhD. Für den MA muss man eine besondere Qualifikationsprüfung ableisten; dazu gehört auch ein Sprachexamen. Auch die Undergraduates sollten theoretisch eine andere Sprache als Englisch lernen, aber nur wenige meistern das. Diejenigen, die mit dem MA abgehen, haben die Möglichkeit für gehobene Laufbahnen. Die paar, die den PhD machen, schlagen fast alle die Universitäts- oder Bibliothekslaufbahn ein.

Und vergessen wir nicht: das Studium ist *sehr* teuer – ein Studienjahr in Harvard kostet jetzt rund 28 000 Dollar! Allerdings gibt es auch Stipendien für erstklassige Studenten sowie zinslose Darlehen. Was mich am meisten gestört hat, ist der absolute Mangel an Spracherziehung. Selbst von einem Graduate-Studenten z. B. in Orientalistik können Sie kaum erwarten, dass er auch mal ein deutsches Buch liest. Ein französisches haben sie allenfalls noch durchgekämmt, aber wenn ich ihnen deutsche Literatur gab, dann hieß es: „We don't read German, it's too difficult." Für den MA mussten sie eine Sprachprüfung in Deutsch und Französisch oder Deutsch und Italienisch machen; darauf haben sie gepaukt. Sie wussten genau, in was für einer Art Fachliteratur sie geprüft werden, und dann haben sie das mit Ach und Krach überstanden. Nach drei Tagen konnten sie schon kein Wort Deutsch mehr lesen. Diesen Mangel an Sprachausbildung fand ich furchtbar.

Das BA-System halte ich dagegen für ziemlich sinnvoll. Die amerikanischen Oberschulen gehen nicht bis zu dem, was wir Abitur nennen. In den beiden ersten Jahren oder zumindest im ersten Jahr des BA wird das gelehrt, was bei uns in den Abiturklassen gelehrt wird. In den USA ist BA einfach ein Zeichen dafür, dass man seine Allgemeinbildung mit einer Spezialisierung erfolgreich abgeschlossen hat. Es ist sozusagen eine All-round-Erziehung, inklusive sportlicher und sozialer Betätigung: Die Studenten müssen jedes Semester zwei Fächer in ihrem Hauptgebiet, z. B. Französisch und Italienisch oder Physikalische Chemie und Physik machen. Dann müssen sie auch etwas aus der entgegengesetzten Richtung belegen: Wenn man Philologie oder Geschichte wählt, muss man ein naturwissenschaftliches Fach belegen, und schließlich ein allgemeinbildendes Fach. Die Studenten sehen in den vier Jahren ihre Professoren nur sehr selten. Das intensive Lernen wird in Tutorials gemacht. Die Tutoren sind in der Regel Graduate Students oder gerade promovierte Wissenschaftler, die sich auf diese Weise ein bisschen Geld verdienen. Das, was wir in der guten alten Zeit hatten, nämlich dass sich der Student hinsetzt und sich nur auf seine wirklichen Fächer konzentriert, ist hier unbekannt.

Es ist alles rigoros vorgeschrieben. Ich habe mich fünfundzwanzig Jahre lang geweigert, den Undergraduates jede Woche zu sagen: „Ihr lest jetzt in dem Buch, sagen wir mal in Kenneth Cragg, *The Call of the Minarett,* bis nächste Woche Seite 107 bis Seite 122 und im Grunebaum lest ihr Seite 208 bis 215." Ich habe gesagt: „Ihr seid vernünftige Menschen, ihr könnt in die Bibliothek gehen und euch ein Buch holen." Ach nein, das wollten sie nicht. Diese Fragmentisierung und dieser völlige Mangel an weiterer Übersicht sind mir sehr auf die Nerven gegangen. Gott sei Dank hatte ich gute Teaching Fellows, die konnten dieses *„dirty work"* für mich machen.

Und es gibt dauernd Prüfungen, die werden dann benotet, und vielleicht kommt ein gutes Ergebnis dabei raus. Aber ich habe nur wenig mit Undergraduates zu tun gehabt. Ich fand es nur derartig mechanisch, was da gelehrt wurde, obgleich Harvard immer noch die beste Universität auf diesem Gebiet war. Der *core-course* – der allgemeinbildende Pflichtkurs – spielte eine sehr große Rolle. Da konnte man auch exotische Dinge belegen, zum Beispiel klassische Philologie. Wir hatten zwei Professoren, deren *core-courses* waren immer überfüllt. Der eine redete über Samuel Johnson, der andere über klassische griechische Literatur – da hatte er 500 Studenten im Hörsaal. Unter den Allgemeinkursen gab es viele christliche und auch jüdische Themen, aber für den Islam gibt es nur einen einzigen Kurs. Das zeigt wieder diese merkwürdige Vernachlässigung eines sehr wichtigen Gebietes.

In Harvard und auch an anderen amerikanischen Universitäten begann die Islamkunde eigentlich erst mit dem Erscheinen der deutschen Emigranten zu blühen. Vorher trieb man Archäologie; Chinesisch oder Japanisch wurden wegen des Überseehandels gepflegt.

Ich fand diese ganze Erziehungsart nicht so, wie ich mir Universitätsbildung vorstelle. Deswegen bin ich etwas entsetzt, wenn ich sehe, dass man hier nun auch dauernd Punkte verteilt: einen viertel Punkt für das, einen halben Punkt für das, das leuchtet mir nicht ein. Wir sind ja schließlich auch auf andere Art und Weise groß geworden und haben eigentlich ganz gute Produkte hervorgebracht. Ich bin nicht für diese Amerikanisierung, aber wir können da ja wenig dran machen.

Von Schülern und Nachfolgern

Sie haben nun eine ganze Generation von Islamwissen-schaftlern geprägt …

■ Ob ich sie geprägt habe, weiß ich nicht, ich habe sie zumindest mit der (geistigen) Flasche aufgezogen.

Viele haben über Ihre Bücher den ersten grundlegenden Zu-gang zum Islam gefunden.

■ Ja, es ist merkwürdig, das höre ich immer wieder nach Vorträgen, wenn ich Bücher signiere. Ich bin mir dessen gar nicht bewusst, weil ich wenig über das nachdenke, was ich tue. Ich tue es, weil es mir Freude macht und das ist es. Ich freue mich natürlich, wenn jemand sagt, er oder sie habe den Zugang durch meine Bücher gefunden; das ist eine große Freude und Ehre.

Zudem haben Sie fast ein gesamtes Jahrhundert der Orien-talistik verfolgt.

■ Zwei Drittel eines Jahrhunderts. Ich muss sagen, dass ich eigentlich sehr glücklich über meine Schüler bin. Mit Ausnahme von einem oder zweien sind sie alle sehr gut geraten.

Anforderungen an die moderne Islamwissenschaft

Noch in den fünfziger und sechziger Jahren stand die Orientalistik im Ruch eines „Orchideenfaches". Jetzt studieren immer mehr junge Leute Islamwissenschaft, viele Seminare in Deutschland können den Andrang mit ihren nach wie vor geringen Mitteln kaum bewältigen. Hinzu kommen ganz neue Betrachtungsweisen sozialgeschichtlicher Art. Wie sehen Sie das, dass heute, gerade nach den Ereignissen vom 11. September 2001, gesagt wird: Wie gut, dass man den Islam heute in solcher Breite studiert?

Es ist gut, dass wir Leute dieser Art haben, nur bedaure ich, dass viele von ihnen keine grundlegende klassische Ausbildung mehr haben. Man kann orientalische Politik und orientalische Sozialstrukturen nur verstehen, wenn man sie in ihren historischen Kontext einordnet. Wenn man die Entwicklung des 20. Jahrhunderts plötzlich von all ihren Wurzeln ablöst oder sie allenfalls bis zu Napoleon zurückführt, versteht man vieles Hintergründige und Unterschwellige nicht – was vielleicht manchmal wichtiger ist als das, was wir an der Oberfläche sehen.

Müsste die Orientalistik offensiver werden? Müsste sie sich auch in der Öffentlichkeit häufiger zu Wort melden?

■ Das wäre natürlich sehr schön. Doch nicht jeder hat das Talent dazu. Zudem gibt es immer noch Kollegen, für die der klassische Islam und das klassische Arabisch der Gipfel aller Dinge sind und die sich nur mit Mühe dazu aufraffen, etwas Gegenwartbezogenes zu machen.

Es ist sehr interessant, dass man Ihnen einerseits häufig die Karte „Romantik" zugeschoben hat, dass Sie aber andererseits viele Dinge eher wahrnahmen als Ihre angeblich äußerst rationalen und nüchternen Kollegen. Ihre Beschäftigung mit der Poesie und dem gelebten Islam hat dazu geführt, dass Sie einen genaueren Blick für unterschwellige Stimmungen hatten.

■ Ja, das kann man wohl so sagen. Ich habe immer sehr viel gesehen und mitbekommen. Da die Politik jedoch nicht mein Fall ist und ich mich auf diesem Gebiet nicht als Expertin fühle, bin ich damit nie groß an die Öffentlichkeit gegangen. Insbesondere die pakistanische Politik konnte ich aus der Nähe beobachten. Ich habe die Leute alle gekannt: Ich habe die Bhuttos gekannt, ich habe Benazir Bhutto als Studentin in Harvard gekannt (wir gehörten zu demselben „Haus"), ich habe Zia ul-Haqq gekannt und viele andere, die in dem

179

ganzen Kräftespiel in Pakistan eine Rolle spielten. Aber ich möchte nicht über Dinge schreiben, bei denen ich mich nicht als Expertin fühle.

Gegenwärtig gibt es eine Tendenz in der Islamwissenschaft, das Fach gewissermaßen in Politologie aufzulösen und sich nur noch mit dem 19. und 20. Jahrhundert zu beschäftigen.

▧ Das hat sich verständlicherweise entwickelt. Für manche Leute scheinen die politischen Aspekte einer Kultur viel wichtiger zu sein als die rein geistigen. Das mag von einem Gesichtspunkt aus richtig und wichtig sein, aber man darf nicht bei politischen Schlagworten stehen bleiben, wie man das gerne tut. Ich werde oft kritisiert, da ich von Politologie und von Politik, jedenfalls im Sinne von Tagespolitik, sehr wenig verstehe und mich auch nicht damit beschäftigen möchte. Das ist ja vor allem bei der Diskussion um den Friedenspreis herausgekommen.

Ich persönlich finde es gut, wenn sich die heutigen Orientalisten auch mit diesem Aspekt beschäftigen, aber nicht als einziges, was überhaupt Wert und Wichtigkeit hat. Es ist *ein* Aspekt der Kultur, aber es ist nicht der einzige, und das sollten sich manche auch sagen lassen.

180

Wie haben Sie eigentlich die Universitäten im Orient erlebt?

■ Die orientalistischen Departements waren zum Teil gut. Es hing von der Universität ab. In Pakistan sind ja sehr viele Universitäten neu gegründet worden. Als ich kam, da gab es Karatschi, die Universität von Sindh, Lahore und Peschawar, und dann kam Islamabad dazu, später noch eine ganze Reihe anderer Universitäten, z. B. Multan. Es gibt Departements, wo ein sehr hoher Standard herrscht: Viele von ihnen sind in den Naturwissenschaften sehr gut. Bei der Orientalistik gab es Spezialisten, die ausgezeichnet waren, aber sonst war es Durchschnitt. Auch an den großen Universitäten habe ich selten wirklich überragende Gelehrte gefunden. In der früheren Zeit, nach der Teilung, gab es eine ganze Reihe von Professoren, die ihre Ausbildung in den dreißiger Jahren in England oder auch in Deutschland gemacht hatten. Der Physiker Raziuddin Siddiqi war Heisenberg-Schüler. Der Chemiker Salimuzzaman hat in Frankfurt studiert, hat die Rauwolfia isoliert und den Frankfurter Ehrendoktor erhalten. Zakir Hussein, der frühere indische Staatspräsident, hatte in Berlin studiert.

Es gibt auch eine Reihe von Privatuniversitäten, etwa die von den Hakim-Brüdern in Delhi und Karatschi gegründeten. Hakim Abdul Hakim gründete die Hamdard-Universität in Delhi, mit einem sehr schönen Bibliotheksannex. Dort herrschte eine recht gute wissenschaftliche Atmosphäre. Der Hamdard-Komplex in Karatschi war noch im Wachsen. Wenn man Hakim Sahib nicht ermordet hätte, wäre dort wahrscheinlich eine sehr gute Universität entstanden.

Lahore hatte teilweise gute Leute, aber die orientalistischen Dissertationen, die ich manchmal begutachten musste, gefielen mir oft nicht. Da habe ich manche Träne darüber vergossen, wie sie aufgebaut waren – ganz zu schweigen von dem köstlichen indischen Englisch: Meisterwerke der Orientalistik, wie es sie früher hin und wieder gab, habe ich da nicht gefunden.

Ist es nicht auch ganz wichtig, dass beim Orientalistikstudium, so wie es heute ist, noch viel mehr auf die lebendige Sprachvermittlung geachtet wird? Ihre Sprachkenntnisse waren doch eigentlich Ihr Schlüssel zum gelebten Islam. Nur durch die Beherrschung des Türkischen waren Sie in der Lage, sich in diesem Land mit Muslimen auch wirklich unterhalten und nicht nur radebrechen zu können.

■ Eine Sprache zu lernen ist gar nicht so schwer. Zunächst versuche ich, die Grammatik einigermaßen gründlich zu lernen, und wenn ich dann im Lande bin, entwickelt sich das Gelernte schnell weiter. Ich kann zwar kein Vulgärarabisch und fühle mich auf dem Markt in Damaskus todunglücklich, weil mir das gesprochene Arabisch wie eine Fremdsprache vorkommt. Aber in der *Fusha*, in Hocharabisch, kann ich einen Vortrag halten, ich kann auch Briefe auf Arabisch schreiben und tue das besonders gern.

Viele Menschen haben das große Glück, dass sie einfach wie Papageien eine Sprache lernen und sich dann plötzlich in einem anderen Land so gut verständigen können, wie wir Gelehrten das nie können. Das könnte ich nicht; ich kann's nicht nur durchs Ohr lernen, ich muss erst mal die Bilder vor mir haben, die Schrift. Für mich ist die Schrift immer das Wichtigste. Deswegen habe ich auch nie Bengali gelernt, weil ich die Schrift nicht mochte.

Limericks und Rap-Musik

Wo wir von Sprachen sprechen ... Es gibt in Pakistan dieses wunderbare Englisch. Neulich war im Fernsehen ein Spruchband zu sehen, auf dem stand: Allah is the only supper power.

Das ist herrlich, das muss ich mir merken. Es hat mir immer sehr viel Spaß gemacht, gerade von meinem philologischen Hintergrund aus, die verschiedenen sprachlichen Schnitzer zu sehen, die in den islamischen Ländern und auch im Deutschen zu finden sind. Als ich noch Studentin war, habe ich mit großem Vergnügen die wunderbaren Ausdrücke einiger europäischer Kollegen in der *Encyclopedia of Islam* festgestellt, wo inkongruente Dinge zusammengeworfen waren, und so weiter. Ich hatte einmal mit einem anderen jungen Kollegen vor, eine Sammlung solcher Ausdrücke für einen Orientalistentag zusammenzustellen, als Festgabe. Leider haben wir das wegen unserer Gefährdung durch die Herren Ordinarien nicht gemacht.

In den USA, in Pakistan und Indien habe ich es sehr genossen, wenn ich das Anglo-Indische hörte und die wunderbaren englischen Formulierungen und Verwechslungen. In einer Dissertation aus Lahore hieß es zum Beispiel: „He went underground and wandered through India." Ich stellte mir den armen Missionar vor, wie er unter der Erde durch ganz Indien marschierte! Oder wenn jemand schrieb: „The Marathas swarmed through the country and destroyed it like ants and locusts." Statt „ants", Ameisen, schrieb er allerdings „aunts", also Tanten ... Wenn man sich viel mit dem indischen Islam und mit den in Englisch verfassten Büchern beschäftigt, findet man oft eine kuriose Mischung von viktorianischem Englisch und amerikanischem Slang. Das ist besonders bei Dissertationen nicht immer ein reines Vergnügen. Doch in vielen Fällen habe ich Gedichte darüber geschrieben oder Limericks gemacht, wo ich mich über solche Dinge amüsiert habe. Ich habe einen ganzen Aktendeckel voll mit Spottversen, Geburtstags- und sonstigen Gedichten.

Ich sagte schon, dass ich sehr gerne reime, und da habe ich manches geschrieben, was man vielleicht als Nonsense-Poetry bezeichnen kann. Mit Limericks habe ich jahrelang viel Spaß gehabt. *Not all of them are clean*, aber bei Limericks muss man auch etwas über die Grenzen gehen. Da wir gerade von Harvard sprachen, wo man in den letzten Jahren stark feministisch ausgerichtet war, kann ich vielleicht den hier zitieren:

„Ein frustrierter Jüngling in Harvard
studierte, bis es ihm klar ward,
‚Dies alles ist Mist,
ich werd' Feminist',
worauf er in Harvard zum Star ward."

Vielleicht wird irgendwann einmal ein Band Nonsense-Poetry von mir veröffentlicht werden. Ich weiß nicht, ob das noch zehn Jahre warten muss oder ob das postum geschehen soll.

Den erhoffen wir uns bald …

▪ Ich weiß nicht, ich traue mich nicht … Es heißt zwar:

Ist der Ruf erst ruiniert,
lebt man völlig ungeniert …

An Ihrem Ruf kann man nicht mehr kratzen.

▪ Sie wissen wahrscheinlich nicht, dass mein einziger Fußball-Limerick sogar schon veröffentlicht ist. Das war, als wir in Jugoslawien 1976 die Europameisterschaft verloren hatten, wegen eines fehlgeleiteten Elfmeters von Uli Hoeneß. Der Limerick lautet:

186

„Inmitten gewaltgen Gedröhnes
verschoss den Elfmeter der Hoeneß.
Das Spiel ist verloren,
mit hängenden Ohren
betrachtet der Trainer, Herr Schön, es."

Ich glaube, der ist gut.

Kennt Uli Hoeneß den auch?

■ Ich weiß es nicht. Matthias Politycki hat ihn mir ent-
rungen. Mit dem musste ich mich immer über Fußball
unterhalten. Und da habe ich eines Tages gesagt: „Matthias, ich habe sogar einen Fußball-Limerick geschrieben." Den hat er dann in einem Fußballhandbuch veröffentlicht.

Aber sonst interessieren Sie sich nicht für Fußball?

Nein, ich interessiere mich nicht besonders dafür.
Aber man liest es ununterbrochen in der Zeitung,
und dann klebt es im Gehirn. Meine Mutter, nahe
Neunzig, schaute sich gerne Fußball im Fernsehen
an. Sie fand das herrlich und hatte eine sehr weise Erklärung dafür. Sie sagte: „Wenn man selbst alt und steif
ist, freut es einen zu sehen, wie die Leute hinfallen und
so schnell wieder aufstehen können." Das ist doch

eigentlich eine vernünftige Lebensanschauung. Nein wirklich, meine Mutter war sehr praktisch und sehr modern in dieser Hinsicht. Aber sonst ist Sport für mich weit, weit, weit, jenseits aller Ziele.

Ich schrieb auch mal einen Limerick über Waschmittel. Kannten Sie noch die Ariel-Reklame? In dem Limerick heißt es:

„Es sagte ein Bauer am Rhein:
Wie dreckig ist doch dieses Schwein!
Nimm Ariel, Frau,
dann wird diese Sau
nicht sauber, nein, porentief rein."

Als Werbetexterin hätten Sie auch noch eine Zukunft. Schüttelreime machen Sie auch?

Nein, Schüttelreime sind das Einzige, was ich nie fertig gebracht habe. Das ist ganz komisch. Ich habe das manchmal versucht, aber es liegt mir nicht auf der Zunge.

Ein interessantes Phänomen ist die so genannte Rap-Musik, welche der Sprache einen neuen Rang innerhalb der Populärmusik gebracht hat. Das ist ja Sprechgesang, der eigentlich einen sehr ernsten und gerade zu Beginn einen dezidiert politischen Hintergrund hat. Die Reime sind oft kurz und wiederholen sich stetig, nicht so sehr anders als in der improvisierten Dichtung der arabischen Volksdichter, die ebenfalls häufig genug politische Themen aufgreifen. In der amerikanischen so genannten Rap-Musik ist der Anteil von Muslimen erstaunlich hoch, und da formuliert sich oft so etwas wie ein schwarzes muslimisches Selbstbewusstsein.

▪ Das ist interessant.

Viele dieser Gruppen und Superstars, die im Fernsehen auftauchen, haben muslimische Namen und sind bekennende Muslime. Das heißt, im innersten Kern der amerikanischen Populärmusik sind erstaunlich viele Muslime vertreten, die ihren Glauben offen bekennen. Falls Sie in nächster Zeit mal in New York sein sollten, könnten Sie als Orientalistin die Texte der Rapper mal etwas studieren.

▪ Das finde ich faszinierend, das habe ich nicht gewusst. Der einzige Sänger, den ich kenne, der Muslim geworden ist, ist Cat Stevens, Yusuf Islam. Den habe ich mal in London bei einer internationalen Bootsfahrt kennen gelernt.

Es gibt übrigens ein paralleles oder vielleicht entgegengesetztes Phänomen. Ali Asani, mein Nachfolger in Harvard, mein „Sohn Ali", schrieb eine sehr interessante Arbeit über die *ginans,* die ismaili-religiösen Gesänge. In letzter Zeit sind viele Schlager aus Bombayer Kinoproduktionen mit einem religiösen Text unterlegt worden; auch das ist eine interessante Entwicklung. Mich interessiert dieser Bereich zwar auch, aber ich habe mich nie tiefer damit beschäftigt. Also vielen Dank für die Rap-Musik.

Lebensdaten im Gespräch erwähnter Orientalisten und Religionswissenschaftler

Balla, Emil (1885–1956) 32f.

Barth, Karl (1886–1968) 31ff.

Bultmann, Rudolf (1884–1976) 32f.

Eilers, Wilhelm (1906–1989) 11

Fischer, August (1865–1949) 81

Gabain, Annemarie von (1901–1993) 16, 24

Goldziher, Ignaz (1850–1921) 17

Harder, Ernst (1854–1927) 8

Hartmann, Martin (1851–1918) 17

Hartmann, Richard (1881–1965) 14f., 18

Heiler, Friedrich (1892–1967) 28ff., 32ff., 122f.

Helfritz, Hans (1902–1995) 9

Hinz, Walther (1906–1992) 11

Jacob, Georg (1862–1937) 17f.

Kahle, Paul (1875–1964) 19

Kühnel, Ernst (1882–1964) 15f.

Massignon, Louis (1883–1962) 122, 151

Mensching, Gustav (1901–1978) 34

Meier, Fritz (1912–1998) 21f., 124

Menzel, Theodor (1878–1939) 18

Mez, Adam (1869–1917) 27, 125

Nicholson, Reynold Alleyne (1868–1945) 51

Nöldeke, Theodor (1836–1930) 17, 80, 122

Otto, Rudolf (1869–1937) 122, 149

Paret, Rudi (1901–1983) 103
Philipp, Wolfgang (1915–1969) 32
Plessner, Martin (1900–1973) 104
Ritter, Hellmut (1892–1971) 18ff.
Rückert, Friedrich (1788–1866) 14, 70ff., 84ff., 104f.
Schaeder, Hans Heinrich (1896–1957) 11f., 14, 88
Söderblom, Nathan (1866–1931) 122
Spies, Otto (1901–1981) 24f.
Trumpp, Ernst (1828–1885) 53
Tschudi, Rudolf (1884–1960) 21
Wellhausen, Julius (1844–1918) 104ff.